오래된 집, 가고 싶은 마을

한국의 고택

오래된 집, 가고 싶은 마을
한국의 고택

이진경 지음

이가서
Leegaseo publishing

고택은 수백 년 우리 전통문화를 간직하고 있는 곳입니다.

고택에는 조상 대대로 가문에서 내려오는 정신과 함께 유물과 문화재가 있습니다.

고택에는 종부에서 종부로, 종가마다 전해 내려오는 음식문화가 있습니다. 그리고 고색창연한 기왓장 너머에는 조상들이 남겨준 유업을 지켜내어야만 했던 힘겨운 삶도 숨어져 있습니다.

저는 강릉 선교장에서 태어나 어린 시절을 보냈습니다. 서울 생활을 정리하고 다시 선교장으로 내려와 생활한 지 30여 년이 되었습니다. 선교장에 내려왔을 당시 연로하신 어머님이 혼자 사시던 집은 훼손되고 쇠락하여 생활하기 불편한 점이 한둘이 아니었습니다. 저는 불편하고 생활하기 힘든 집에 열의를 다해 온기를 불어넣었습니다.

문화체육관광부, 문화재청, 강릉시청을 비롯해 전국의 고택과 고택 소유자들, 문화재 수리전문가 등을 찾아 전국을 다니며 도움을 청하고 자문도 구했습니다. 강릉 선교장이 역사 속에서 정지된 문화재로서의 공간이 아니라 이곳을 찾는 모든 사람에게 조상 대대로 물려준 소중한 문화유산을 보여주고 전통문화를 체험하는 공간으로 만들었습니다.

이러한 경험을 바탕으로 지난 2007년에는 전국의 고택 소유자들과 함께 힘을 모아 사단법인 한국고택문화재소유자협의회를 설립하였습니다. 협의회는 고택 문화재 소유자들의 삶의 질을 개선하고 문화재 보존과 활용을 위해 문화재보호법 개정 등 다양한 사업을 추진하고 '고택문화재 기동보수반'을 만들어 전국의 고택을 다니며 훼손되거나 경미한 손상은 직접 보수도 하였습니다. 또한, 〈문화유산신문〉을 창간하여 고택 문화재를 어떻게 보존하고 활용해야 하는지 다양한 현장의 목소리를 들려주었습니다.

이제는 변해버린 세상에 사람들은 편리함을 추구하며 대부분 도시로 떠나고 고령의 종손과 종부가 고택을 지키고 있거나 빈집이 되어버린 곳이 많습니다. 그 자손이 집을 지킨다고 해도 이제는 옛 모습 그대로 생활하기는 어렵습니다. 집은 그곳에 사는 사람과 함께 변해가야만 합니다.

고택은 주인이 혼자 사는 집도 아니고, 구경거리 집도 아닙니다. 고택은 우리 모두 함께 나누고 아껴야 할 소중한 문화적 자산입니다. 고택이 품고 있는 아름다움과 전통문화를 함께 공감할 수 있는 그런 곳이 되었으면 합니다. 더 나아가 우리 모든 국민이 하나 되어 소중한 우리 문화유산을 후대에 온전하게 물려줄 수 있도록 더욱 노력해야 합니다.

이 책을 쓴 이진경 씨는 문화유산신문사에서 10여 년간 기자로 활동을 하면서 전국의 고택과 그 고택마다 간직한 다양한 역사와 가승문화를 누구보다 더 많이 체감하였습니다. 이를 바탕으로《오래된 집, 가고 싶은 마을》을 출간하게 됨을 감사와 격려를 드립니다.

．

이 책을 통해 고택을 지켜온 분들과 이를 바라보는 모두가 서로 공감하며 아끼고 사랑하는 기회가 되기 바랍니다.

오랜 세월 빗장을 걸어놓았던 고택, 이제는 우리 전통문화의 멋을 알리고 어머니 품속 같은 마음의 고향으로 많은 사람이 함께 공유할 수 있는 공간으로 거듭났으면 합니다.

사단법인 한국고택문화재소유자협의회 명예회장
강릉 선교장 이강백 관장

머릿글

고택은 수백 년 동안 지속된 선조의 삶의 터전이자 모든 것이며, 나무 한그루 풀 한포기 조차 사연을 품고 있다. 숱한 세월을 거치면서도 굳건하게 지켜낸 그만의 고유한 정신과 지혜가 담겨있는 곳이다.

조용히 솟을대문을 밀고 들어서면 안채에서는 할머니와 어머니, 어머니와 며느리, 어머니와 딸의 이야기가 들린다. 사랑채에서는 할아버지와 아버지, 아버지와 아들의 책 읽는 소리가 들린다.

우리는 저마다 자기만이 간직한 옛 기억을 떠올리게 된다.

어린 시절 태어나고 자란 곳, 우리가 어린 시절을 보냈던 곳을 기억하며 옛 시간의 흔적들을 그리워한다.

달빛에 젖고, 햇빛에 바랜 고택의 신화와 역사가 스토리로 다가올 때 온고지정, 온고지신의 오래된 미래가 아닐지 싶다.

이 책《오래된 집, 가고 싶은 마을》에서는《한국의 고택 1, 2》권에서 들려주었던 고택 이야기와 새로 방문한 고택 이야기를 함께 소개하고 있다.

전국에 있는 우리 소중한 문화유산인 고택을 찾아가서 주인을 만나고, 그 집만이 간직하고 있는 이야기를 직접 듣고 사진에 담아 왔다.

대쪽같이 꼿꼿한 선비의 기품을 지닌 종손 앞에서는 말 한마디 꺼내지 못해 주눅이 들기도 하고, 깊숙한 고방까지 보여주시는 종부님 앞에서는 할머니 같은 푸근함을 느끼기도 하였다.

옛날 같았으면 오르지도 못할 누마루에서 종손으로 살아야만 했던 힘겨운 인생사를 들려주시던 분도 있고, 집안의 제사나 명절이 다가오면 한 달 전부터 음식준비를 해야만 했던 매운 시집살이 이야기에 시간 가는 줄 모르기도 하였다.

사실, 한국의 고택에 대해 글을 쓴다는 것이 조금은 두려웠다.

우리 문화유산이나 한국의 고건축 전문가가 아니라서, 그래서 전문가가 아닌 방문자의 시각으로 고택을 바라보았다. 가장 먼저 고택에 사는 사람들을 만나 그들이 들려주는 생생한 이야기를 바탕으로 전문가의 도움과 관련 서적들을 찾아보면서 공부를 하였다. 그리고 문화재대관이나 전문서적을 참고로 원형 그대로 소개하려고 노력하였다.

이 책을 쓰기까지 도움을 주신 분들도 많다.

강릉 선교장 이강백 관장님, 논산 명재 고택 윤완식 한국고택문화재소유자협의회 회장님을 비롯해 소중한 시간을 집안의 내력과 건물을 일일이 보여주시며 설명해 주신 고택 소유자분들에게 감사를 드린다.

지금도 선조들의 가르침을 본받아 고택에서 생활하고 계신 어르신들과 묵묵히 지켜봐 준 유신 씨, 소윤, 그리고 지훈이와 수미, 사랑하는 우리 가족에게도 늘 감사한 마음이다.

그리고 부족한 제 글을 다듬고 다듬어 책으로 출판해 주기까지 애쓰신 이가서출판사 하태복 사장님을 비롯한 출판사 직원들의 노고에 다시 한 번 감사를 드린다.

누군가 말하지 않았던가, 아는 만큼 보인다고….

이 책이 우리 선조들이 수백 년 대대로 살아온 고택에 조금 더 다가가 그곳을 이해하는 데 도움이 되었으면 한다.

고택,

오랜 장맛 같은 세월처럼

앞으로도 그런 예스러움으로 우리 곁에 오래 머물렀으면 좋겠다.

2019년 여름

이진경

차례

추천의 글 4

머릿글 8

마당 하나 솟을대문 고고한 자존심

거창 **동계 종택**   19

경주 **독락당**   31

논산 **백일헌 종택**   43

안동 **의성김씨 학봉 종택**   53

봉화 **충재 종가**   65

함양 **일두 고택**   77

여주 **명성황후 생가**   89

마당 둘 안채 사랑과 꿈

구례 **운조루 고택**   103

경주 **최부자댁**   115

남양주 **궁집**   127

서산 **경주김씨 고택**   139

서천 **이하복 고택**   151

아산 **외암마을 참판댁**   163

마당 셋
사랑채

아버지의 마음, 선비의 마음

강릉 **선교장** — 177
논산 **명재 고택** — 191
나주 **남파 고택** — 203
봉화 **만산 고택** — 215
안동 **하회마을 화경당 고택** — 225
청송 **송소 고택** — 235
해남 **해남윤씨 녹우당** — 245
홍성 **사운 고택** — 257

마당 넷
별당·정자
서재

학문과 마음의 수양터

경주 **양동 무첨당과 서백당** — 271
경주 **양동 향단** — 283
서울 **성북동 최순우 가옥** — 291
안동 **군자마을 후조당과 탁청정** — 301
영양 **서석지** — 313
장흥 **존재 고택** — 323

마당 다섯
마을

시간이 멈춘 우리 전통 마을

고성 **왕곡마을** — 337
산청 **남사예담촌** — 347
성주 **한개마을** — 357
순천 **낙안읍성** — 371
영주 **무섬마을** — 383
제주 **성읍마을** — 395

마당 하나
솟을대문

고고한 자존심

거창 **동계 종택**

경주 **독락당**

논산 **백일헌 종택**

안동 **의성김씨 학봉 종택**

봉화 **충재 종가**

함양 **일두 고택**

여주 **명성황후 생가**

동계 종택

저물녘 밥 짓는 연기 모락모락 피어 오르고

村望	마을을 바라보며

村住靑山下	마을이 청산 아래 자리를 잡으니
園林綠水邊	우거진 숲 푸른 물결이어라
家家鳴夕杼	집집마다 저물녘 베 짜는 소리 울리고
處處起炊煙	곳곳마다 밥 짓는 연기 모락모락 피어오른다
官租輸餘幾	세금으로 실어 가고 남은 것이 얼마나 되나
陶盆樂自然	독은 비었을망정 자연을 즐기노라
何知兵火地	어찌 알았으랴 전쟁이 쓸고 간 곳에서
重見太平天	태평스러운 세상을 다시 보게 될 줄을

— 동계 정온 선생의 《동계집》 제1권에서

저물녘 밥 짓는 연기 모락모락 피어 오르고

경남 거창은 금원산, 기백산 등 해발 1,000m가 넘는 산들에 둘러싸인 분지로, 조선 시대는 거창으로 발령이 나면 울고 왔다가 울고 갔다고 한다. 워낙 교통이 불편한 오지라 오기 싫어서 울었고, 임지를 떠날 때는 산수가 좋아 떠나기 아쉬워서 울었다. 산과 계곡 사이로 맑은 물이 흐르고 자연경관이 뛰어난 곳곳에는 아직도 정자가 많이 남아 있다.

거창 강동마을에는 충절의 표상으로 칭송받는 동계 정온(桐溪 鄭蘊, 1569~1642) 선생이 살던 거창 동계 종택(居昌 桐溪 宗宅, 경남 거창군 위천면 강동1길 13, 국가민속문화재 제205호)이 있다. 동계 선생은 지금 가옥에서 조금 떨어진 역골에서 태어나서 이곳에서 자랐다. 동계 종택은 동계 선생의 아버지가 처음 지은 지 약 500년 정도 되었으며, 그 후 순조 20년(1820)에 그의 후손 정종필(鄭宗弼)이 지금의 가옥으로 중건하였다. 정종필의 동생인 정기필(鄭夔弼)이 지은 반구헌(反球軒, 시도문화재자료 제232호)이 바로 옆에 붙어 있다.

| 동계 종택과 반구헌(왼쪽)의 모습

　동계 선생은 조선 선조·광해군·인조 때의 학자로 대사간, 경상
도 관찰사, 이조참판 등을 지냈으며, 남명 조식(南冥 曺植, 1501~1572)
의 학풍을 계승한 대표적인 인물이다. 선생은 광해군이 영창대군
을 강화도로 보내서 죽이고 그의 생모인 인목대비마저 폐출하려
하자 이에 맞서 죽음을 각오하고 상소문을 올렸다. 이 때문에 10
여 년간 제주도에서 귀양살이했다. 또 인조 14년 병자호란(丙子胡亂,
1636) 때는 청나라에 굴복하는 것을 반대했음에도 임금이 항복하자
목숨을 버리려 했던 충신이다. 이때 할복자살에 실패한 동계 선생
은 고향으로 내려왔으나 고향 집에 머물지 않고 덕유산 자락으로
들어가 미나리와 고사리를 먹으며 은거하다가 세상을 떠났다.

마당 하나

| 웃어른을 배려하거나 하인을 부를 때 사용하는 설렁줄

이 집안의 또 다른 인물, 동계 선생의 현손인 정희량(鄭希亮, ?~1728)은 조선 영조 4년 무신란(戊申亂, 1728)을 일으켜 집안을 존폐의 기로로 몰아넣었다. 무신란은 조선 후기에 일어난 가장 큰 반란 사건으로, 반란에 가담했던 충청과 영·호남의 명문 집안들이 대부분 멸문되었다. 이 사건으로 정씨 가문은 30여 명이 연루되어 죽는 등 멸문 직전까지 갔었다. 하지만, 동계 선생의 높은 명망 덕분에

| 집안의 기품이 느껴지는 솟을대문

사대부층이 구명운동을 벌여 간신히 멸문의 화는 면해 집안이 복
구될 수 있었다.

솟을대문을 들어서려는데 '文簡公桐溪鄭蘊之門(문간공동계정온지문)'
이라고 쓰인 현판이 먼저 눈에 들어온다. 인조 임금은 동계 선생이
세상을 떠나자 문간공이라는 시호를 내리고 정려문(旌閭門)을 세우
게 했다. 현판이 이 집안의 기품을 한층 더 높여 준다.

| 눈썹지붕과 함께 멋진 조화를 이룬 사랑채

　솟을대문을 들어서면 당당한 모습의 사랑채가 두 눈 가득 들어
온다. 용마루 밑에 짧은 기왓골을 덧대어 만든 눈썹지붕이 가장 먼
저 눈에 띈다. 사랑채 누마루 삼면에는 들어열개 사분합문을 달아
누마루 공간을 언제든지 쉽게 여닫을 수 있게 했다. 분합문들은 아
래위를 삼등분하여 가운데는 완자살로 아래위는 정자살로 되어 있
는데, 눈썹지붕과 함께 멋진 조화를 이룬다. 사랑채에 걸려 있는
'忠信堂(충신당)'이란 현판은 추사 김정희(秋史 金正喜)의 글씨다. 동계
선생이 귀양살이한 제주도 대정현에서 귀양살이하게 된 추사는 그
곳 사람들로부터 동계 선생의 이야기를 듣고 감동을 하여 훗날 이
곳 동계 선생 댁에 들렀을 때 현판 글씨를 써주었다고 한다.

| 건넌방 앞에 툇마루를 높이고 난간을 두른 안채

　중문을 통해 안채로 들어서면 정면 8칸의 큰 규모의 안채가 당당해 보인다. 넓은 앞마당은 사랑채 뒤로 나란히 앉은 안채의 답답함을 없애준다. '一'자로 길게 지어진 안채는 특이하게도 건넌방 앞에 툇마루를 높이고 난간을 둘렀다. 안채 좌측으로는 큰 규모의 곳간채가 자리 잡고 있고, 안채 북쪽 후원 담장 너머 사당이 있다. 지금도 사당 문루에는 정조 임금이 쓴 어제시(御製詩)가 걸려 있다.

　동계 종택은 조선 후기 사대부가의 원형을 살펴볼 수 있는 집으로, 겨울에는 춥고 여름에는 비가 많이 오는 이 지역 기후의 특징에 맞게 추위를 막을 수 있도록 겹집으로 짓는 북부 지방 형식과 기단을 높여서 집을 짓고 높은 툇마루를 두는 남부 지방 형식이 적절히 조화를 이루고 있다.

| 동계 선생의 15대 종손 정완수 선생

　현재 이곳에는 동계 선생의 15대 종손인 정완수(鄭完秀, 1942년생) 선생 부부가 살고 계신다. 부인 류성규 여사는 퇴계 학문의 정통을 이어받은 안동의 명문가 전주류씨 류치명(柳致明) 선생 집안의 딸로, 요리 솜씨도 뛰어나다. 정완수 선생은 "깨끗하게 살고 싶어요. 조상님들께 욕되지 않게 항상 깨끗한 삶을 살고 싶어요"라며 이곳에서의 삶을 한마디로 정리하신다. 사람 사는 향취가 느껴지는 그곳이 좋다.

주변 고택

- **거창 영은 고택**(경남 거창군 웅양면 동호1길 213, 시도문화재자료 제371호)
- **거창 동호리 이씨 고가**(경남 거창군 웅양면 동호1길 217,   〃   제122호)
- **거창 황산리 신씨 고가**(경남 거창군 위천면 황산1길 109-5,   〃   제17호)

거창 영은 고택   거창 수승대

주변 명소

아름다운 청정 자연을 간직한 경남 거창에서는 매년 여름이면 수승대를 배경으로 거창국제연극제가 열린다.

• **거창 가섭암지 마애삼존불**(경남 거창군 위천면 상천리 산6-2): 금원산 북쪽 바위굴에 새겨진 마애삼존불로, 고려 시대 1111년에 제작된 기록이 남아 있다.

• **거창 수승대**(경남 거창군 위천면 은하리길 2): 덕유산에서 발원한 갈천의 물길이 빚어놓은 거북 모양의 커다란 바위로, 옛날 백제의 국세가 쇠약해져서 멸망할 무렵 백제의 사신을 이곳에서 송별하고 돌아오지 못함을 슬퍼해 처음에는 근심 수(愁), 보낼 송(送) 자를 써서, 수송대(愁送臺)라 하였다. 1543년 이황 선생이 거창을 지나면서 그 내력을 듣고 이름이 아름답지 못하고 수송과 수승이 소리가 같으므로 '수승'으로 고친다고 이른 4율시에서 비롯됐다. 바위 둘레에는 이황 선생의 옛글이 새겨져 있다.

경주

독락당

영남 성리학의 선구자

| 사랑채 옥산정사, 독락당.

獨樂

離群誰與共吟壇   벗마저 떠났으니 누구와 함께 읊으리오
巖鳥溪魚慣我顔   산새와 물고기 내 얼굴 반겨주네
欲識箇中奇絶處   그 중에 가장 빼어난 곳 어디에서 찾을 건가
子規聲裏月窺山   두견새 울어대고 밝은 달 솟아오르네

— 회재 이언적 선생의 林居十五詠 중 其 十二

영남 성리학의 선구자

조선 중기 성리학자 회재 이언적(晦齋 李彦迪, 1491~1553)은 성균관 유생인 여주이씨(驪州李氏) 이번(李蕃)과 경주손씨(慶州孫氏)의 아들로 외가인 경주 양동마을에서 태어났다. 천품이 뛰어나고 포부가 원대했던 회재 선생은 10세에 아버지를 여의고 어머니 손에 자랐으며 외삼촌 우재 손중돈(愚齋 孫仲暾, 1464~1529)의 학문과 사상에 많은 영향을 받았다. 23세에 생원시에 합격하고 이듬해 문과 별시에 급제하여 관직에 발을 들여놓은 선생은 홍문관, 춘추관, 시강원, 양사, 이조, 병조 등 청요직을 거치며 사환과 출세에 안주하지 않고, 국가 민생을 염려하는 경세가로, 또 이단을 배척하고 성리학의 이론적 탐구에 힘쓰는 유학자로서의 본분을 지켜나갔다. 하지만 평소 예의염치(禮義廉恥)를 숭상하는 선비정신에 투철하고 불의에 맞서 직언을 서슴지 않았던 선생은 1531년(중종 26)에 김안로(金安老, 1481~1537)의 등용을 반대하다가 파직되어 경주의 자옥산으로 들어와 독락당을 짓고 학문에 정진하였다. 김안로의 패망으로 다시 관

| 솟을대문과 행랑채 사이에 넓은 앞마당을 두었다

직으로 돌아온 회재 선생은 군주의 권위를 회복하고 조정의 기강을 바로 세우며, 민생을 구하려는 우국애민의 충정으로 그 유명한 '일강십목소(一綱十目疏)'를 올려 왕도정치의 기본 이념을 제시하였다. 사림의 영수로 신망을 받으며 1545년 의정부 좌찬성에 발탁되지만 즉위한 지 8개월 만에 인종이 승하하고 명종이 즉위하자 선생은 다시 한 번 시련을 맞이하였다. 왕실의 두 외척인 대윤과 소윤 사이의 치열한 권력투쟁인 을사사화(乙巳士禍, 1545)가 일어나자 선생은 사림의 화를 줄이고자 고군분투하다 1547년(명종 2) 윤원형(尹元衡) 일파가 조작한 양재역벽서사건(良才驛壁書事件)에 연루되어 평안도 강계(江界)로 유배되고, 그곳에서 향년 63세(1553년)로 일생을 마쳤다. 유배지에서도 시련을 극복하고 학문에 정진하며《구인록(求仁錄)》《대학장구보유(大學章句補遺)》등 유학사에 빛나는 수많은 저

| 안주인의 정갈함이 엿보이는 안채

서를 남긴 선생은 훗날 이황(李滉)에게로 계승되는 영남학파 성리학의 선구가 되었다.

자옥산 골짜기를 흘러내리는 자계천 줄기에 자리 잡은 경주 독락당(慶州 獨樂堂, 경북 경주시 안강읍 옥산서원길 300-3, 보물 제413호)은 41세의 혈기왕성했던 회재 선생이 파직되어 잠시 은둔하며 자연을 벗 삼아 학문을 탐구하던 곳이다.

주변 경관이 수려해 학문하기에 더없이 좋은 곳이었을 터. 회재 선생의 발자취를 따라 그곳으로 들어간다. 사랑채인 옥산정사(玉山精舍) 독락당을 중심으로 안채 역락재(亦樂齋), 행랑채인 경청재(敬淸齋), 솔거노비들이 거주하며 주인을 뒷바라지하던 별채 공수간, 사당, 어서각, 정자인 계정(溪亭)이 있고, 각 건물은 담장을 둘러 폐쇄적이긴 하지만 독립적인 공간을 확보하고 있다.

| 휘어진 향나무를 그대로 둔 담장

솟을대문을 들어서면 행랑채인 경청재 앞에 넓은 앞마당이 펼쳐져 있고, 오른쪽 담장 너머로 공수간이 보인다. 1601년에 지은 경청재는 회재 선생의 손자와 증손이 옥산별업(玉山別業)을 봉수하기 위해 세웠다. '一'자형 7칸 규모의 행랑채는 중문, 온돌방, 부엌과 안채로 들어가는 협문이 있다. 행랑채와 연결된 중문을 들어서면 왼쪽에는 안채로 들어가는 문이, 앞쪽에는 막혀 있는 담과 사랑채로 들어가는 출입문이, 오른쪽으로는 골목처럼 만들어진 담장 사이로 샛길이 나 있다. 휘어진 향나무를 그대로 둔 채 와편으로 쌓은 담장이 이색적이다. 이 샛길 끝나는 곳에 바로 자계천이 흐르고 있다.

행랑채 뒤 작은 안마당을 사이에 두고 안채로 들어가는 중문이 있다. 역락재 안채는 1515년에 건립되었다고 한다. 경주지방 상류

마당 하나

| 자계천에서 바라본 독락당과 계정

주택의 유형을 따른 안채는 넓은 안마당을 사이에 두고 'ㅁ'자형을 이루고 있다. 정면 7칸인 안채는 좌우로 날개채가 연결되어 있으며 대청을 중심으로 안방과 건넌방을 두었다. 안방과 연결된 왼쪽 날개채에는 비교적 큰 부엌을, 오른쪽 날개채에는 사랑채와 통하는 문간과 도장방을 두었다. 반질반질 윤이 나는 장독대를 사이에 두고 맞은편에 안사랑격인 역락재가 자리 잡고 있다.

  사랑채로 들어서면 오래된 향나무가 사랑채를 호위하듯 늠름하게 서 있다. 1516년(중종 11)에 지은 옥산정사 독락당은 여느 집 사랑채와는 다르게 기단이 낮고, 대청도 낮고, 집의 높이 또한 낮게 설계되었다. 정면 4칸, 측면 2칸의 '一'자형 사랑채는 계곡을 향한

| 계곡의 너럭바위 위에 자리잡은 계정

오른쪽은 팔작지붕으로, 안채와 연결된 왼쪽은 우진각지붕으로 지었다. 오른쪽 3칸은 넓은 마루인데 앞을 모두 터놓았으며, 왼쪽 1칸을 막아 온돌방을 만들었다. 독락당과 계곡 사이는 담장으로 외부 시선을 차단해 놓았지만, 담장 한 부분에 살창을 대어 만든 창을 달아 이곳을 통해서 계곡에 흐르는 물을 바라볼 수 있게 했다. 자연과 하나가 되고픈 회재 선생의 마음이 담긴 것이 아닐까.

독락당의 오른쪽 담장을 돌아 일각문을 지나면 그곳에 계정이 숨어 있다. 계정은 절반은 집 안쪽에, 절반은 숲속에 있는 것처럼 너럭바위가 펼쳐진 아름다운 계곡과 숲을 바라보며 자리 잡고 있다. 마당과 거의 수평인 기단 위에 자리 잡은 'ㄱ'자형인 계정은 계곡을 향한 곳에 2칸 마루와 방 1칸이 있고, 방이 있는 쪽에는 옆으

마당 하나

| 여강이씨 옥산파 17세손 이해철 선생

로 2칸을 더 달아낸 '양진암(養眞菴)'이 연결되어 있다. 하지만 계곡 쪽에서 바라보면 마치 이층 누와 같은 모습으로 자연과 하나가 된 듯 암반 위에 기둥을 세운 계정이 당당한 모습으로 서 있다. 이곳에 오르면 세상의 모든 근심이 다 달아날 듯 아름다운 풍광이 펼쳐진다.

지난 2010년 경주 양동마을과 함께 유네스코 세계유산으로 지정된 독락당에는 여강이씨 옥산파 17세손 이해철 선생과 김춘란 여사 부부가 살고 계신다. 어디를 가든 늘 함께 다니시는 금슬 좋은 부부다. 운명에 이끌리듯 결혼을 하셨다는 두 분의 환한 모습이 곧 독락당의 모습 같아 마음이 훈훈해져 온다.

| Travel Information | 경주 **독락당** |

주변 고택

- **경주 월암 종택**(경북 경주시 식혜골길 35, 국가민속문화재 제34호)

- **경주 최부자댁**(경북 경주시 교촌안길 27-40, 국가민속문화재 제27호)

경주 최부자댁   경주 옥산서원   경주 양동마을

주변 명소

신라 천년의 숨결이 오롯이 남아 있는 경주. 수학여행, 신혼여행, 가족 여행 등 저마다 가슴에 추억을 하나씩 안고 또다시 찾게 된다. 발길 닿는 곳마다 문화유산으로 가득 한 경주는 세계적인 문화관광도시로 거듭나면서 여행코스도 다양하다.

- **경주 양동마을**(경북 경주시 강동면 양동마을길 134): 우리나라 최대 규모의 조선 시대 동성마을로, 월성손씨와 여강이씨 두 가문이 500년 넘게 전통문화를 이어온 마을이다. 이 마을은 1984년 마을 전체가 국가지정문화재로 지정되었고 2010년에는 안동 하회마을과 함께 유네스코 세계유산으로 등재되었으며 마을 안에는 국보인 통감속편(通鑑續編, 국보 제283호)을 비롯해 보물 4점, 국가민속문화재 12점 등 수많은 문화재가 있다.

- **경주 옥산서원**(경북 경주시 안강읍 옥산서원길 216-27): 성리학자인 회재 이언적의 덕행과 학문을 기리고 후진을 양성하기 위해 1572(선조 5년)에 경주부윤 이제민이 세웠다.

백일헌 종택

이인좌 난을 평정하는 데 공을 세워

I 높은 기단 위에 자리잡은 안채

大風起天中	큰바람은 하늘 가운데서 일어나고
落葉滿空山	낙엽이 빈산에 가득하다
月如將率星	달은 마치 장군 같아 별을 통솔하는 듯하고
星如兵衛月	별은 마치 병사가 달을 호위하는 것 같구나

— 백일헌 이삼 장군이 12세에 쓴 시

이인좌 난을 평정하는 데 공을 세워

　논산시 상월면 주곡마을은 윗뜸·아래뜸·망가리에 청양양씨·함평이씨·전주이씨가 입향해 오백 년 전부터 함께 살고 있는 전통마을이다. 예전에는 연산, 노성, 신도안으로 가는 길이 서로 교차해 많은 사람들이 왕래했고 주막이 있어서 '술골(酒谷)'이라 불렀다.

　주곡마을은 조선 시대 이인좌(李麟佐, ?~1728)의 난을 평정한 백일헌 이삼(白日軒 李森, 1677~1735)이 태어난 곳이다. 백일헌 장군은 이 마을에 입향하여 터전을 마련한 부친 함평이씨(咸平李氏) 이사길(李師吉, 1639~1703)과 모친 남양전씨(南陽田氏) 사이에 태어났다. 어린 시절부터 총명했던 백일헌 장군은 12세가 되던 해부터 당대에 유명한 학자였던 명재 윤증(明齋 尹拯, 1629~1714) 문하에서 수학했다. 28세가 되던 1705년(숙종 31)에 무과에 장원급제해 1713년 정주목사로 임명된 뒤 30여 년간 숙종(肅宗), 경종(景宗), 영조(英祖) 세 임금을 모시면서 문무 고위관직을 두루 역임했다. 임금에 대한 충성심과 장수로서의 기품을 간직한 백일헌 장군은 당대의 최고의 명장이자 군

| 백일헌 장군이 말고삐를 매어두었다는 은행나무

사지략과 무예·군법·군제에도 조예가 깊었고, 군선과 무기 제작에
도 뛰어난 기술을 가지고 있었다. 특히 1728년(영조 4)에 훈련대장
이 되어 이인좌의 난(亂)을 평정하는 데 공을 세워 2등 공신이 되고
함은군(咸恩君)에 봉해졌다.

　주곡마을 초입에 있는 논산 백일헌 종택(論山 白日軒 宗宅, 충남 논산시
상월면 주곡길 37, 국가민속문화재 제273호)은 이인좌의 난을 평정하는 데
이바지한 공로로 영조가 내린 하사금으로 지은 집으로, 1700년대
초 창건 당시의 원형이 비교적 잘 남아 있다. 종택은 안채와 사랑
채가 'ㅁ'자형을 이루고, 사당과 문간채 등 경사진 지형을 최대한
이용하여 자연환경과 조화롭게 지어졌다. 특히 일반적인 상류 주
택 배치와 다르게 각 건물이 각각 방향을 달리하며 담장으로 연결

| 중문을 사이에 두고 바깥사랑채와 작은 사랑채를 배치

되어 있어 매우 역동적이고 자유스럽게 보인다.

한 계단 한 계단, 백일헌 종택 솟을대문으로 들어선다. 수령이 오래되어 보이는 은행나무에 자연스레 눈길이 간다. 백일헌 장군이 생전에 말고삐를 매어두었던 나무라서 그럴까.

안채로 들어가는 중문을 둔 'ㄴ'자형 바깥사랑채는 막돌허튼층쌓기로 쌓은 높은 기단 위에 당당한 모습으로 서 있다. 정면 3칸, 측면 2칸으로 큰사랑방과 누마루, 중문간을 배치했으며 큰사랑방 앞까지 2단으로 툇마루가 연결되어 있어 마을 전경을 한눈에 바라볼 수 있다. 중문 오른쪽에 있는 'ㅡ'자형 작은사랑채는 정면 2칸, 측면 1칸으로 작은사랑방 앞으로 툇마루를 두었다.

안채로 들어가는 중문은 일반적인 상류 주택과는 다르게 솟을대

| 며느리를 위한 전용 툇마루와 작은마당을 둔 안채

문과 같은 선상에 문을 두고 있어 안채로의 출입이 매우 개방적이
다. 한쪽이 짧은 'ㄲ'자형 안채는 전면 3칸의 대청을 중심으로 왼쪽
5칸, 오른쪽 3칸을 두었다. 대청 앞에는 별도의 툇마루가 있고, 후
원 쪽으로 난 문은 판문 대신 창호문이 달려 있다. 왼쪽에는 안방
과 윗방, 부엌을 배치했고, 오른쪽에는 건넌방과 작은부엌을 두었
다. 특히 며느리가 사용하던 건넌방에는 전용 툇마루와 낮은 담장
으로 두른 작은마당을 두었는데 이는 다른 한옥에서는 찾아볼 수
없는 특이한 공간구성이다. 건넌방 툇마루 끝에는 판문을 달아 후
원으로 나갈 수도 있게 했다. 이는 외부 출입이 제한되었던 며느리
를 위한 집안 어른들의 특별한 배려가 아닐까 싶다.

안채 맞은편에 있는 광채는 사랑채보다는 낮게 지었으며 정면 4
칸, 측면 1칸으로 광과 문간으로 구성되어 있고, 사당은 이 고택에

| 함평이씨 함은군 종중 11대손 이신행 선생

서 가장 높은 장소인 사랑채 오른쪽 언덕 위에 있고 별도의 담장이
둘러져 있다.

　백일헌 종택에는 고택 이외에도 문화재로서 가치가 높은 공신
의 책봉과 관련된 교서(敎書) 등 많은 고문서와 백일헌유집(白日軒遺集)
등 서적, 언월도(偃月刀), 철퇴(鐵槌), 영정(影幀), 은배(銀杯) 등 무관(武官)
과 관련된 많은 유품이 있는데, 일부는 백제군사박물관에 전시 하
고 수장고에도 보관 중이다.

　지금 종택은 함평이씨 함은군 종중의 11대 종손 이신행(李信行,
1959년생) 선생 부부가 쓸고 닦으며 집에 온기를 불어넣고 있다. 선
생 부부는 종택으로 내려올 때마다 많은 사람에게 백일헌 장군의
혼이 서린 고택을 알리고 우리 전통문화를 체험하는 공간으로 꾸
미는 데 온 신경을 다 쏟고 계신다.

논산 **백일헌 종택**

주변 고택

• **논산 명재 고택**(충남 논산시 노성면 노성산성길 50, 국가민속문화재 제190호)
• **윤황 선생 고택**(충남 논산시 노성면 장마루로 716번길 132, 시도민속문화재 제8호)

논산 명재 고택

논산 죽림서원

주변 명소

대둔산과 금강이 어울려져 들이 넓고 기름진 풍요로운 땅이자 계백 장군의 5,000 결사대가 김유신 장군의 50,000 군대에 맞섰던 백제 최후의 격전지 '황산벌'이 바로 논산이다.

• **논산 죽림서원**(충남 논산시 강경읍 금백로 20-3): 논산시 강경읍, 나즈막한 동산을 배경으로 자리 잡은 죽림서원은 인조 4년(1626)에 지방의 유림이 율곡 이이(栗谷 李珥), 우계 성혼(牛溪 成渾), 사계 김장생(沙溪 金長生)

논산 개태사

탑정호

등 선현의 제사를 지내고 후학을 양성하기 위해 세운 서원이다. 죽림 서원 뒤로 오르면 금강이 훤히 내려다보이는 언덕 위에 임리정(臨履亭, 충남유형문화재 제67호)이 있다.

• **논산 개태사**(충남 논산시 연산면 계백로 2614-11): 계룡산의 최남단 자락 천호산에 자리 잡은 논산 개태사는 태조 왕건이 황산벌에서 후백제를 정벌하고 후삼국 통일의 위업을 이룬 것을 기념해 세운 호국사찰이다. 이곳에는 논산 개태사지 석조여래삼존입상(보물 제219호)을 비롯해 개태사 철확(충남민속문화재 제1호) 등 귀중한 문화유산이 보관되어 있다.

• **탑정호**: 논산시 부적면과 가야곡면, 양촌면 일원에 있는 탑정호는 대둔산의 물줄기를 담고 있는 호수로 논산의 넓은 평야에 농업용수를 제공하는 생명의 젖줄이다. 1944년에 준공된 탑정호는 최대 3천만여 톤의 물을 담수할 수 있는 청정호수로 겨울철이면 고니, 원앙, 가창오리, 고방오리, 쇠오리 등 수만 마리의 철새가 찾아온다. 24km에 이르는 탑정호 청정호반 길은 그야말로 낭만적인 드라이브코스다.

안동

의성김씨 학봉 종택

외로운 산하, 한 번 죽음이 가볍구나

| 소계서당으로 사용하던 건물을 개조해서 지은 사랑채

仗鉞登南路 　도끼자루 짚고 남행 길 오르니
孤臣一死輕 　외로운 신하 한 번 죽음이 가볍구나
終南興渭水 　남산과 한강수를
回首有餘情 　뒤돌아보니 유정하구나

― 학봉 선생의　한강유별(漢江留別)

외로운 산하, 한 번 죽음이 가볍구나

학봉 김성일(鶴峯 金誠一, 1538~1593)은 훈구파와 사림파의 갈등으로 혼란이 심했던 16세기를 살았다. 의성김씨(義城金氏) 내앞파(川前派) 청계 김진(靑溪 金璡, 1500~1580)과 여흥민씨(驪興閔氏)의 넷째 아들로 태어나 어렸을 때부터 영특해 6세에는 효경을 배웠고, 21세가 되던 해부터는 퇴계 선생의 제자로 들어가 스승의 학풍을 이어 나갔다.

학봉 선생은 1568년(선조 1) 과거에 급제하여 승문원 부정자로 임명되어 벼슬길에 올라 병조좌랑, 이조좌랑을 역임하였고, 39세가 되던 1577년에는 사은사 서장관으로 임명되어 명나라를 다녀왔다. 선생은 강직한 성품과 행동으로 조정과 국가의 기강을 바로잡기 위해서는 아무리 어렵고 위험한 일도 서슴지 않아 '조정의 호랑이'라는 별명까지 얻을 정도였다. 1590년(선조23) 선생이 53세가 되던 해 상사 황윤길(黃允吉), 서장관 허성(許筬)과 함께 통신부사로 일본을 방문했다. 일본에서 돌아온 황윤길과 선생의 귀국보고서는 우리에게도 이미 잘 알려져 있다. 황윤길은 "왜가 쳐들어올 것 같

| 5칸 규모의 대문채 너머로 잘 가꿔진 정원이 보인다

은 조짐이 있으며, 풍신수길(豊臣秀吉)의 인물됨이 담략이 크고 눈은 빛이 났다"라고 했지만 선생은 "황 상사가 아뢰는 것 같은 정황은 보지 못했으며, 도요토미 히데요시의 눈은 쥐 눈 같아 두려울 것이 없다"라고 하였다. 불행하게도 1년 뒤에 임진왜란은 일어나고 선생은 체포를 당했다. 하지만 곧 선조는 동서분당이 더 심해지고 학풍이 문란해지는 것을 보고 명망 있는 학자를 내세워 국학을 권장하고자 선생을 복명해 홍문관부제학으로 제수했다. 1592년 선생은 경상도 관찰사로, 후에 경상우도 초유사에 제수되어 관군과 의병을 총지휘하여 큰 공을 세우고, 이듬해 4월 전쟁터에서 최후를 맞이한 선비였다.

중앙고속도로 서안동 IC로 나와 안동 방향으로 5분 남짓 달리다 보면 봉정사 이정표가 나온다. 검재, 금계의 순우리말인 검재마

| 앞쪽으로 난간을 두른 툇마루를 둔 사랑채

을은 학가산, 천등산 산줄기를 따라 내려온 야트막한 동산으로 둘러싸여 있고, 앞으로는 완만하게 흐르는 물길이 있어 편안함이 느껴진다. 16세기 향토지인 〈영가지(永嘉誌)〉에도 검재는 천 년 동안 패하지 않고 번성하는 땅이라고 기록하고 있는 명당이다. 바로 이곳에 의성김씨 학봉 종택(義城金氏 鶴峰 宗宅, 경북 안동시 서후면 풍산태사로 2830-6, 시도기념물 제112호)이 있다. 학봉 종택은 조선 중기 문신 학봉 선생의 종가이다. 이 집은 지대가 낮아 자주 침수되어 학봉의 8대손인 김광찬(金光燦)이 지금 이곳에서 100m 정도 떨어진 곳에 새로 종택을 건립했다. 그 후 1964년 종택을 현 위치로 다시 옮겨 세울 당시에는 안채만 옮겨오고 사랑채는 소계서당(邵溪書堂)으로 사용하던 건물을 개조했다.

솟을대문이 있는 5칸의 대문채를 들어서면 잘 가꿔진 정원을 마

| 우익사 쪽마루를 통해 사랑채로 이동할 수 있는 안채

주하고 익랑채, 사랑채, 운장각, 풍뢰헌이 단아하게 서 있다. 원래 '口'자형 배치를 가진 종택은 근래에 들어와서 왼쪽으로 아래채를 달아내어 '日'형이라 볼 수 있다. 사랑채는 왼쪽 2칸은 사랑방, 오른쪽 2칸은 사랑 마루방을 배치하고, 정면으로는 길게 툇마루를 두었다. 뒤편으로 사랑방 왼쪽은 작은 사랑방과 1칸 규모의 책방을 두었는데 이곳은 안채의 우익사와 연결되어 안채와 통로 역할을 하기도 한다.

사랑채 뒤로 안마당을 사이에 두고 위치한 안채는 '口'형으로 배치되어 있다. 안채는 오른쪽 3칸은 대청, 왼쪽으로는 2칸 규모의 안방과 부엌이 있고, 그 앞으로 좌익사가 연결되어 있다. 대청 오른쪽으로는 우익사를 두고, 쪽마루를 통해 사랑채로 쉽게 드나들 수

| 조상의 신주를 모신 사당 내부, 위패마다 각각 제사상이 놓여있다

| 학문연구와 후진양성을 위한 강학지소로 쓰이던 풍뢰헌

있게 했다.

풍뢰헌(風雷軒)은 학봉 선생의 장손인 단곡 김시추(端谷 金是樞, 1580~1640) 선생이 학문을 연구하고 후진 양성을 위해 세운 강학지소(講學支所)이다. 1990년 후손들에 의해 중건된 이 정자는 정면 4칸, 2칸의 건물로 중앙에 마루를 두고 양쪽에 방을 1칸씩 두었다.

풍뢰헌 바로 옆에는 구 운장각(雲章閣)이 있고, 사당은 안채 뒤에 두었다.

지난 2011년 새로 개관한 운장각은 종택 바로 옆에 있다. 이곳에는 학봉 선생의 유품과 문중에서 소장하고 있는 책과 문서들을 보관, 전시하고 있다. 운장각에는 보물 제905, 906호로 지정된《經筵日記(경연일기)》와《海槎錄(해사록)》을 비롯해 선생의 친필 원고와 사기

| 의성김씨 15대 종손 김종길 선생

(史記) 등 운장각 소장 전적과 고문서가 보관되어 있고, 그밖에도 선생의 안경, 벼루 등 유품과 후손들의 서적, 고문서가 수장되어 있다.

현재 학봉 종택에는 2007년 고향 집으로 내려오신 의성김씨 15대 종손 김종길(金鍾吉, 1941년생) 선생 부부가 살고 있다. 서울에서 최첨단 산업의 CEO를 역임한 후 고향으로 내려오신 선생은 지금도 왕성하게 활동을 하지만, 앞으로도 해야 할 일이 너무 많다고 한다.

먼저 문중의 종손으로서 봉제사와 접빈객 봉사에 한 치의 소홀함 없이 그 역할을 다할 것이며, 종가를 많은 사람에게 개방해 종택 체험을 통해 점점 혼탁해져 가는 우리 사회에 앞장서서 도덕 인성교육을 실시하고 선비정신을 가르쳐주고 싶다고 한다.

주변고택

- **원주변씨 간재 종택 및 간재정**(경북 안동시 서후면 풍산태사로 2720-30, 시도민속

  문화재 제131호)

- **안동 죽헌 고택**(경북 안동시 서후면 태장죽헌길 24, 시도민속문화재 제146호)

- **안동 경당 종택**(경북 안동시 서후면 성곡제일길 2-38)

간재 종택

경당 종택

봉정사 대웅전

이천동 석불

 주변 명소

'정신문화의 수도' '가장 한국적인 고장'이라 불리는 안동은 우리의 전통을 이어가고 있는 곳이다. 세계문화유산으로 지정된 안동 하회마을을 비롯해 서원과 사찰, 고택·종택이 곳곳에 남아있다.

• **안동 봉정사**(경북 안동시 서후면 봉정사길 222): 천등산 자락 신라 문무왕 12년(672)에 능인 스님이 창건한 사찰로 우리나라에서 가장 오래된 목조건물인 봉정사 극락전(국보 제15호)과 정면 앞에 툇마루를 깔아놓아 다시 한 번 눈여겨보게 만드는 대웅전(국보 제311호)을 비롯해 화엄강당(보물 제448호), 고금당(보물 제449호), 만세루(덕휘루), 삼층석탑 등과 계곡 건너 아름다운 암자인 영산암이 있다.

• **안동 이천동 석불**(경북 안동시 이천동 708-8): '제비원 미륵불'이라고도 불리는 석불은 자연 암석을 조각하고 머리를 따로 만들어 얹은 마애불이다. 누구나 한 번쯤 들어봤을 성주풀이 중 '성주의 본향이 어디냐 안동하고 제비원이니라…'라는 대목에도 나오는 곳으로 성주 신앙의 근원지이기도 하다.

봉화

충재 종가

500년 종가의 명맥을 이어온

┃ 충재 선생과 안동권씨 가문의 유물을 전시해 놓은 충재박물관 내부

500년 종가의 명맥을 이어온

봉화 문수산 줄기가 남서쪽으로 뻗어 내리고 낙동강 상류 내성천 지류가 합류하는 곳에 자리 잡은 달실마을은 금계포란(金鷄抱卵) 지형의 명당으로 조선 시대부터 삼남 지방의 4대 길지로 손꼽히던 곳이다. 이 마을은 안동권씨(安東權氏) 충재 권벌((沖齋 權橃, 1478~1548) 선생이 자리를 잡은 후 지금까지 그 후손들이 집성촌을 이루며 살고 있다. 충재 선생은 아버지 권사빈(權士彬)과 어머니 파평윤씨(坡平尹氏) 사이에서 차남으로 태어나 어릴 때부터 주위 사람들을 놀라게 할 정도로 명석했다. 30세에 문과에 급제하여 예조참판까지 올랐으나 기묘사화(己卯士禍, 1519년), 조광조의 혁신 정책에 불만을 품은 남곤·심정 등의 훈구파 재상들이 위훈 삭제 사건을 계기로 조광조 등 신진사류들을 숙청한 사건)로 파직당해 어머니 묘소가 있는 유곡리 달실마을로 내려와 15년간 은거했다.

　500년 전통을 간직하고 있는 봉화 충재 종가(奉化 沖齋 宗家, 경북 봉화군 봉화읍 충재길 60)와 청암정(靑巖亭, 석천계곡과 함께 명승 제60호로 지정)을 찾

| 상하 인방이 반달처럼 휘어진 솟을대문

아간다. 조선 사대부가의 전형적인 모습을 갖추고 있는 충재 종가
는 마을 안쪽에 자리 잡고 있다. 반듯하게 쌓은 돌담을 두른 종가
는 솟을대문, 사랑채, 안채, 사당채로 구성되어 있고, 담장 너머로
서재인 충재와 청암정이 있다.

먼저 솟을대문 앞에 선다. '월문(月門)'으로도 불리는 솟을대문은
상하 인방이 반달처럼 휘어져 있다. 대문채 양쪽에는 각각 방 1칸
과 곳간을 배치했다. 대문을 들어서면 넓은 사랑마당이 펼쳐진다.
안채와 사랑채가 조금은 폐쇄적인 'ㅁ'자 형태로 구성된 종가는 전
면에 사랑채를, 후면에 안채를 배치했다. 안채로 들어가는 중문은
시야를 고려한 듯 사랑채 측면에서 1칸 정도 뒤로 물려서 설치했
고, 중문과 연결해서 오른쪽에 안사랑을 두었다. 정면 4칸, 측면 2
칸의 '一'자형 사랑채는 잘 다듬은 장대석 위에 사대부의 권위가 서

마당 하나

| 중문을 가운데 두고 사랑채와 안사랑(왼쪽)을 배치

린 듯 당당한 모습으로 서 있다. 전면에 툇마루를 두고 오른쪽에는 대청을, 왼쪽에는 방을 배치했다. 중문을 통해 안채로 들어서면 안마당을 사이에 두고 'ㅁ'자형의 안채가 단아하게 자리 잡고 있다. 대청을 중심으로 오른쪽은 안방을, 왼쪽은 건넌방을 배치했으며 안방과 연결된 날개채 쪽에 부엌을 두었다. 사랑채 왼쪽 언덕 위에는 500년 동안 충재 선생의 불천위 제례(不遷位 祭禮)를 모시는 사당이 신문과 내삼문으로 겹겹이 싸여 있다.

넓은 사당마당을 지나면 담장 너머로 빼어난 아름다움으로 손꼽히는 청암정과 서재인 충재(沖齋)가 고즈넉하게 앉아 있다. 자기 뜻을 실현하지 못한 충재 선생의 마음이 서려 있는 듯 이곳으로 통하는 모든 문은 안에서 여닫을 수 있도록 장치했다. 청암정은 충재 선생이 기묘사화로 파직되어 이곳에 머물 당시 큰아들 청암 권동

| 서로 마주보고 있는 서재 충재와 정자 충암정

보(靑巖 權東輔, 1517~1594)와 함께 지었다.

　이 정자는 거북 모양의 너럭바위 위에 사방이 시원스레 확 뚫린 6칸 규모의 큰 대청과 2칸 마루방으로 구성되어 있고, 마루방 바깥쪽 3면에는 난간을 두른 마루를 두었다. 'ㅜ'자형의 이 정자는 처음 지었을 때는 마루방 대신 구들이 깔려 온돌방이었고 연못도 없었다고 한다. 하루는 온돌에 불을 지피자 바위에서 기이한 울음소리가 들렸다. 이곳을 지나던 노승이 이 모습을 보고 거북의 등에 불을 지피면 거북이 괴로워할 것이라고 해 온돌을 들어내고 마루를 깔고 주변에 연못을 만들었더니 신기하게도 그 소리가 그쳤다고 한다. 연못 위에 떠 있는 정자, 돌다리를 건너 청암정으로 오르면 주변의 울창한 수목과 어우러져 사계절 내내 그림 같은 아름다운

마당 하나

| 눈이 내린 풍경이 아름다운 충재 종가 전경

| 안채의 시야를 고려한 듯 한 칸 뒤로 물러나 연결해 놓은 중문

봉화 충재 종가

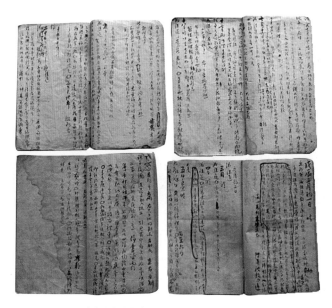

| 보물 제261호로 지정된 충재일기

풍경을 선사한다. 이곳은 수많은 선비가 다녀간 듯 남명 조식이 쓴 '靑巖亭(청암정)' 현판과 미수 허목이 쓴 '靑巖水石(청암수석)' 현판, 퇴계 이황이 청암정의 아름다운 모습을 감탄하며 쓴 시 '靑巖亭題詠詩(청 암정제영시)' 등 그들의 흔적이 남아 있다. 지금도 그 명성이 자자해 누구나 화면을 통해 한번쯤은 봤을 터. TV 드라마 〈동이〉〈스캔들〉 〈바람의 화원〉 등이 이곳에서 촬영되기도 했다.

청암정 맞은편에는 충재 선생이 학문을 익히던 서재가 있다. 맞배지붕의 3칸 반 규모의 아담하고 소박한 이 건물은 왼쪽부터 마루, 방, 부엌을 배치했으며, 특히 마루는 청암정을 바라볼 수 있는 쪽에 문을 달아 그 운치를 더했다.

청암정 바로 옆에는 충재 선생의 발자취와 안동권씨 가문의 역

| 봉화 달실마을에서 진행하고 있는 제례체험 행사

사를 한눈에 볼 수 있는 충재박물관이 있다. 전시공간과 수장고를
갖추고 있는 이 박물관은 2007년 개관했다. 이곳에는《충재일기》
(보물 제261호),《근사록》(보물 제262호) 등을 비롯해 종가에서 소장해
온 482점의 보물과 후손들이 기증해 준 유물까지 총 10,000여 점
이 있다.

　500년 종가의 명맥을 이어온 이곳에는 현재 18대손 권종목(1943
년생) 선생과 차종손 권용철 부부가 살고 있다. 앞으로 우리 전통문
화와 조상의 얼을 느낄 수 있는 다양한 프로그램을 좀 더 개발해
품격 높은 곳이 되도록 노력할 예정이라고 한다. 차종손 부부의 종
가문화를 지키려는 진정 어린 결심이 전해져 온다.

봉화 **충재 종가**

 주변 고택

- **거촌리 쌍벽당**(경북 봉화군 봉화읍 거수1길 17, 국가민속문화재 제170호)
- **가평리 계서당**(경북 봉화군 물야면 계서당길 24, 국가민속문화재 제171호)

달실마을 한과

백두대간 눈꽃열차

 주변 명소

우리나라 오지 중의 오지로 손꼽히는 경북 봉화. 최근 기차여행이 주목을 받으면서 자동차로 접근하기 힘든 간이역들이 기차여행의 새로운 명소로 거듭나고 있다.

- **봉화 달실**(닭실마을, 경북 봉화군 봉화읍 충재길 44): 달실 마을은 충재 권벌의 후손, 안동권씨 충정공파 집성촌으로 500년 가까운 역사가 녹아있는 전통마을이다. 이 마을은 금계포란형으로 마을 뒤로는 나지막한 산

분천역

승부역

축서사

이 마을을 안에서 감싸고, 앞으로는 외세의 풍파를 막아주는 낮은 산이 밖에서 감싸고 있다. 500년 전통을 그대로 이어받아 전승되는 달실 전통한과는 수작업으로 정성 들여 만들기 때문에 명절에는 그 수요를 감당하지 못할 정도로 인기가 있고, 녹색농촌체험마을로도 지정되어 고택체험은 물론 선비체험, 한과체험 등을 할 수 있다

• **분천역과 승부역**: 눈과 산타를 테마로 낭만적인 기차역으로 변신한 분천역에는 눈썰매장, 희망의 드림열차를 비롯해 산타카페, 농특산물판매장, 먹거리장터 등이 마련되어 있다. 승부역은 '하늘도 세 평, 꽃밭도 세 평'이라는 역사(驛舍) 앞 비석에 새긴 글귀처럼 사방이 높은 산에 둘러싸여 있다. 이곳은 기차가 아니면 접근하기조차 힘든 곳으로 이 일대 3개 마을 주민들은 주로 기차를 통행수단으로 이용한다.

• **축서사**(경북 봉화군 물야면 월계길 739): 봉화 문수산 중턱, 해발 800m 고지에 자리 잡은 봉화 축서사는 673년(문무왕 13)에 의상대사가 창건한 천년고찰이다. 1768년(영조 44)에 조성된 축서사 괘불탱(보물 제1379호), 봉화 축서사 석조비로자나불좌상 및 목조광배(보물 제995호), 고불당 앞의 석탑 등 귀중한 문화재를 소장하고 있다.

함양

일두 고택

우주를 들여다보는 숨은 뜻

風蒲泛泛弄輕柔　　산들바람에 가녀린 창포 잎 이리저리
四月花開麥已秋　　사월 화개들판 보리가 벌써 익어가네
看盡頭流千萬疊　　지리산 천만 굽이 다 둘러보고
孤舟又下大江流　　외로이 배에 몸을 싣고 섬진강 따라 내려가네

— 일두 정여창의 악양시(岳陽詩)

우주를 들여다보는 숨은 뜻

양지바른 땅 함양의 개평마을은 고결한 학자들이 문기(文氣)를 다져놓고 굽이굽이 신비롭고 장쾌한 기운이 서린 지리산 봉우리들이 아스라이 둘러선 곳에 자리 잡고 있다. 이 마을에 들어서면 그저 순박하게 맞아주는 마을 사람이며 늙은 소나무 앞에서도 왠지 옷깃이 여며지고 몸가짐이 조신해진다. 가풍과 전통의 엄연한 덕이다. 마을 한가운데는 반듯하게 5백 년을 지켜온 일두 정여창(一蠹 鄭汝昌, 1450~1504) 선생의 옛집이 있다.

일두 선생은 개평마을에서 태어났다. 이시애의 난을 진압하던 아버지가 세상을 떠났다는 소식을 듣고 전쟁터로 달려가 한 달 동안 아버지의 시신을 찾아 헤맸다. 부친을 고향에 묻고 이때부터 학문의 세계로 들어갔다. 선생의 나이 17살. 사서삼경을 쌓아놓고 지리산에서 3년을 보내고 점필재 김종직(佔畢齋 金宗直) 문하에 찾아 들었다. 그곳에서 생사를 같이하며 학문과 생의 도반이 되었던 한훤당 김굉필(寒暄堂 金宏弼)을 만난다. 두 사람의 만남은 우리나라 철학

| 안채로 들어가는 중문

과 사상사에서 운명적인 장면으로 꼽힐 만하다. 두 사람은 처음으로 조선의 유학을 도학의 기풍으로 감싸고 그 철학적 바탕이 되는 이기론을 태동시켰던 것. 두 사람 이전에 유학은 문장과 시부 중심의 사장학(辭章學)과 세상 경영의 경세학(經世學)에 지나지 않았다. 이들에서 비롯된 조선의 성리학은 훗날 퇴계 이황과 율곡 이이에 이르러 만개하여 우리 사상의 중추(中樞)가 되었다.

선생은 학문을 사랑했을 뿐 벼슬에는 뜻이 없었다. 과거에 급제하여 세자 연산군을 가르치고 안의 현감으로 있었던 그 몇 년이 공직생활의 전부였다. 선생은 사람이 학문해야 하는 까닭은 성인이 되기 위해서라고 했다. 그러려면 물욕과 공리를 버리겠다는 뜻을 세워야 한다. 선생은 스스로 '한 마리의 벌레'라는 뜻의 일두(一蠹)

| 충신, 효자 정려패가 5개나 걸린 솟을대문

라는 호를 지었다. 이는 그저 겸양하는 표현이 아니라, 우주를 들여
다보고 그 비의를 알아챘다는 은유가 아니었을까.

널찍한 돌로 포장된 고샅을 따라 들어가다 보면 솟을대문이 나
타난다. 유명한 충신, 효자의 정려패(旌閭牌) 5개가 자랑스럽게 걸린
솟을대문을 들어선다. 함양 일두 고택(咸陽 一蠹 古宅, 경남 함양군 지곡면 개
평길 50-13, 국가민속문화재 제186호)은 일두 선생의 생가터에 선생 사후
인 1690년에 안채가, 1843년에 사랑채가 건립되었고 나머지 건물
들은 후손들에 의해 지속적으로 건축되었다고 한다.

솟을대문을 들어서면 곧장 안채로 들어갈 수 있는 일각문이 있
고, 그 옆으로 사랑채가 있다. 대부분의 고택은 사랑채 앞마당에 정
원을 꾸미지 않는데, 이 집은 사랑채 내루(內壘)에서 내다보며 즐길

사랑대청 뒷편으로 연결된 중문채

| 250년 된 사랑채 대청마루에는 이 집안의 정신이 담긴 현판이 걸려있다

수 있는 석가산(石假山)을 조성해 놓았다. 사랑채는 정면 5칸 반, 측면 3칸 반의 'ㄱ'자형으로, 왼쪽부터 사랑마루 2칸, 큰사랑방 2칸을 두고, 오른쪽 앞으로 온돌방 2칸과 내루를 돌출된 형태로 두었다. 250년 된 사랑채 대청마루에는 '忠孝節義(충효절의)' '文獻世家(문헌세가)' '百世淸風(백세청풍)'이라는 글이 걸려 있다. 성리학적 정신이자 이 집안의 정신을 집약한 글이다. 내루는 구조가 간결하면서도 단아하다. 난간과 추녀를 받치는 활주(活柱)를 가늘고 긴 석주(石柱) 위에 세워 놓았다.

일각문을 들어서서 사랑채 옆을 지나면 안채로 들어가는 중문이 나온다. 중문을 들어서면 정면에 안채, 왼쪽에 아래채, 안채 앞쪽으로 안곳간채가 자리 잡고 있다. 안채는 정면 8칸, 측면 2칸의 'ㅡ'자형으로, 왼쪽부터 부엌, 2칸 규모의 안방, 대청, 1칸 규모의 작은방

| 일두 선생 18대손 정의균 선생

이 일렬로 배치되고 앞뒤로 툇간을 두었다. 안채 뒤로는 사당과 곳
간, 별당인 안사랑채가 있다. 안사랑채는 사랑채 내루를 향해 앉힌
정면 4칸, 측면 1칸 반의 '一'자형 건물로, 담 너머 보이는 반송이
더욱 운치 있게 보인다.

이 고택에는 일두 선생의 18대손 정의균(鄭宜均, 1944년생) 선생이
계신다. 이곳에서 태어나 유년시절을 보내고, 예닐곱 살에 서울로
올라가 정년퇴직을 할 때까지 살다가 10여 년 전 고향 집으로 내려
왔다. 선생은 소일거리라고 했지만, 씨를 뿌리고 열매를 거두어보
아야만 오롯한 자연의 순리를 몸으로 알게 된다. 또 절해고도의 외
로움을 맛봐야만 사람의 정을 속속들이 느낄 수 있다. 그렇듯 선생
은 유서 깊은 옛집에서 순정하게 살고 있다.

함양 **일두 고택**

 주변고택

- **함양 허삼둘 고택**(경남 함양군 안의면 허삼둘길 11-7, 국가민속문화재 제207호)

- **함양 오담 고택**(경남 함양군 지곡면 개평길 66-1, 시도유형문화재 제407호)

함양 허삼둘 고택

함양 상림

함양 용추폭포

 주변 명소

지리산과 덕유산 자락에 있는 경남 함양은 예로부터 선비의 고장으로 불리는 곳으로 좌안동, 우함양이라는 말이 있듯이 유학자를 많이 배출했다. 아름다운 자연과 더불어 서원, 향교, 정자가 많기로도 유명하다.

• **함양 상림**(경남 함양군 운림리, 대덕리): 함양읍 서쪽을 흐르고 있는 위천의 냇가에 자리 잡은 호안림이다. 신라 진성여왕 때 고운 최치원 선생이 함양 태수로 있을 당시 조성한 가장 오래된 인공 숲이다.

• **함양 오도재**(경남 함양군 휴천면 월평리 123-15): 지리산 관문의 마지막 쉼터로, 예로부터 전라도, 경상도, 충청도 지방으로 해산물이 운송되던 육상 교역로였고 김종직, 정여창, 유호인 서산대사 등 수많은 시인 묵객이 걸음을 멈추고 지리산을 노래하던 곳이다. 한국의 아름다운 길 100선에 들어가는 오도재는 사진 촬영지로도 사랑받고 있다.

• **함양 심진동 용추폭포**(경남 함양군 안의면 상원리 산 16-4): 우리나라 동천구곡의 대표 격인 안의삼동(安義三洞)의 하나로, 심진동 상류에 있는 용추폭포를 유람하면 드디어 안의삼동의 명승 유람이 끝난 것이라는 말이 있다.

명성황후 생가

16세에 고종 왕비로 책봉

| 하늘이 민치록 부부의 소원을 들어 명성왕후를 낳게 한 바위라 하여 '소원바위'라 부른다고 한다

16세에 고종 왕비로 책봉된 조선의 국모

남한강이 유유히 흐르고, 기름진 평야가 넓게 펼쳐진 여주는 예로부터 살기 좋은 고장으로 손꼽혔다. 여주는 고려 시대부터 조선 시대까지 9명의 왕비를 배출한 유서 깊은 곳으로 명성황후 생가(明成皇后 生家, 경기도 여주시 명성로 71, 경기도 유형문화재 제46호)가 있다. 이 집은 1895년 10월 8일 일본공사에 의해 시해당한 명성황후(明成皇后, 1851~1895)가 태어나 8세까지 살던 집이다. 명성황후 민 씨는 여흥 민씨(驪興閔氏) 여성부원군 민치록과 한창부부인 이 씨의 외동딸로 어렸을 때부터 총명하였으며, 16세에 1866년(고종 3) 왕비로 책봉되었다.

명성황후 생가는 원래 1687년(숙종 13) 왕의 장인 민유중의 묘막(墓幕)으로 건립되었다. 당시 건물로서 남아있는 것은 안채뿐이었으나, 1995년에 행랑채와 사랑채, 별당 등이 복원되었다. 조선 중기 살림집의 특징을 잘 갖추고 있는 이 집은 넓은 바깥마당을 두고 솟을대문이 있는 '一'자형 행랑채, 중문과 사랑채가 붙어있는 'ㄱ'자형

| 작은사랑 뒤편으로 연결된 날개채

중문간채, 그리고 'ㄱ'자형 안채가 안마당을 둘러싸서 'ㅁ'자형으로 배치되어 있다. 문간채 옆에 협문으로 출입할 수 있는 'ㅡ'자형 별당이 있다.

솟을대문을 둔 행랑채는 정면 6칸, 측면 1칸으로 가운데에 대문을 두고 양쪽으로 방과 광을 배치하였다.

중문간채는 정면 7칸 반으로 왼쪽에 중문을 한쪽으로 두고 오른쪽에 사랑채가 나란히 붙어있다. 사랑채는 왼쪽에 대청을 두고 사랑방이 연결되어 있다. 작은사랑 뒤편으로 날개채가 연결되어 있는데 헛간과 방을 차례로 배치하였다.

안채는 정면 6칸, 측면 2칸 규모로, 안방 앞쪽으로 날개채가 연결되어 있다. 명성황후의 어진이 모셔져 있는 대청을 가운데 두고 왼쪽에 안방, 오른쪽에는 건넌방을 배치했고, 안방 앞쪽 날개채에 온돌방과 부엌, 광을 두었다.

사랑날개채 옆에 있는 별당은 정면 3칸, 측면 1칸 반 규모의 건

마당 하나

| 안채 대청에는 명선왕후 어진이 모셔져 있다

물로, 방과 마루를 두었다. 초가지붕을 한 이곳에서 명성황후가 어린 시절을 지냈다고 한다.

생가 담장 너머에는 명성황후가 태어난 마을을 기념하기 위해 1904년 세운 **명성황후 탄강구리비**(明成皇后 誕降舊里碑, 경기도 유형문화재 제41호)가 있으며, 생가 바로 옆에는 서민들의 생활공간인 민가마을을 조성하여 조선 후기 일반적인 마을의 모습을 재현해 놓았다.

민가마을 옆으로는 감고당(感古堂)이 있다. 이곳은 조선 시대 제19대 숙종이 인현왕후의 친정을 위하여 지은 집으로, 희빈 장 씨의 모함을 받아 폐위된 후 5년여 동안 유배되어 있던 곳이다. 명성황후가 8살 때 여주에서 한양으로 올라간 후 1866년(고종3) 왕비로 책봉되기 전까지 살았던 곳이기도 한 이 집은 원래 서울 종로구 안국동 덕성여고 본관 서쪽에 있다가 1966년 도봉구 쌍문동으로 옮긴 후 2004년 쌍문중고교 신축계획에 따라 철거될 위기에 처한 건물을 2006년 해체한 후에 명성황후의 고향으로 원형을 이전 복원

명성황후가 어린시절 머물던 초당

| 명성황후 생가 문간채와 사랑채(위) 솟을대문을 둔 문간채(가운데) 감고당 사랑채 전경(아래)

| 명성황후 기념관 외관과 내부

하였다.

　생가 맞은편에 명성황후 기념관이 있다. 이 기념관에는 명성황후와 고종의 어진 등의 유물, 명성황후의 친필과 시해 당일 일본인이 사용했던 일본도(복제품), 시해 장면을 재현한 매직비젼 영상물, 여흥민씨들의 유물과 관련 자료 등 당시 시대 상황을 알 수 있는 각종 자료가 전시되어 있다.

　기념관 주변에는 명성황후와 관련된 행사 등을 할 수 있는 공연장인 문예관, 연못과 정자, 조각공원, 소원바위 등이 있다.

여주 **명성황후 생가**

 주변 고택

• **여주 보통리 고택**(경기 여주시 대신면 보통1길 98, 국가민속문화재 제126호)

여주 보통리 고택

세종대왕 영릉

여주 신륵사

남한강이 유유히 흐르는 경기도 여주는 서울에서도 가까워 사계절 내내 많은 사람이 찾는다. 주변에 세계유산인 영릉을 비롯해 도자세상, 강변유원지 등이 있어 아이들과 나들이하기에도 좋다.

- **여주 영릉과 영릉**(경기 여주시 능서면 영릉로 269-50): 이곳은 조선 제4대 세종과 소헌왕후 심씨를 합장한 무덤과 제17대 효종과 인선왕후 장씨의 무덤이 있다.

- **여주 신륵사**(경기도 여주시 신륵사길 73): 경기도 여주시 봉미산 남쪽 기슭, 남한강 지류인 여강의 물줄기와 드넓은 들판을 바라볼 수 있는 곳에 자리 잡은 천년고찰 신륵사는 신라 진평왕 때 원효대사가 창건한 절이라고 전해진다. 신륵사에는 극락보전을 비롯해 다층석탑(보물 제225호), 다층전탑(보물 제226호), 보제존자 석종(보물 제228호)과 보제존자석종 앞 석등(보물 제231호), 보제존자 석종비(보물 제229호) 등 많은 문화유산이 있다.

마당 둘
안채

사랑과 꿈

구례 **운조루 고택**

경주 **최부자댁**

남양주 **궁집**

서산 **경주김씨 고택**

서천 **이하복 고택**

아산 **외암마을 참판댁**

운조루 고택

구름 속의 새처럼 숨어 살다

| 외부로 통하는 협문과 사당으로 가는 협문

雲無心以出岫   구름은 무심히 산골짜기를 나오고
鳥倦飛而知還   새는 날다 지치면 돌아올 줄 아네.

- 도연명의 〈귀거래사(歸去來辭)〉의 한 구절

구름 속의 새처럼 숨어 살다

19번국도를 타고 하동 쪽으로 달리다 보면 깨끗하고 푸른 섬진 강을 끼고 기름진 넓은 들판이 펼쳐지는데, 그 아늑한 곳에 위치 한 오미리 마을 한가운데에 구례 운조루 고택(求禮 雲鳥樓 古宅, 전남 구례 군 토지면 운조루길 59, 국가민속문화재 제8호)이 자리 잡고 있다. 조선의 3대 명당에 꼽히는 이곳은 금환락지(金環落地) 형국이어서 풍요와 부귀영 화가 샘물처럼 마르지 않는다고 한다.

조선 영조 52년(1776)에 운조루를 건립한 류이주(柳爾冑, 1726~1797) 는 문화류씨(文化柳氏) 곤산군파(崑山君派) 30대 류영삼(柳榮三, 1675~ 1735)과 어머니 영천최씨(永川崔氏)의 세 아들 중 둘째로 태어났다. 어 릴 때부터 기개가 넘치고 힘이 장사여서 호랑이도 채찍으로 내리 쳐서 쫓아버릴 정도로 대담했던 류이주는 28세가 되던 해에 무과 에 급제했다. 마흔두 살이 되던 1767년에는 수어청 파총 성기별장 이 되어 남한산성을 쌓는 일에 앞장섰고, 마흔여섯(1771년)에는 낙 안군수가 되었다.

| 연지 너머 솟을대문이 있는 행랑채는 19칸으로 규모가 대단히 크다

    하지만 영조 말엽 사색당쟁에 휘말린 류이주는 유배되었다가 1774년 가족과 함께 구례 토지면 구룡정리로 이사를 했다. 1776년에는 금환락지의 중심인 이곳에 집터를 잡고 운조루를 짓기 시작했다. 영조가 죽고 정조가 왕위에 오르자 다시 함흥 오위장이 되어 함흥성을 쌓는 데 탁월한 능력을 발휘했다. 운조루는 7년간의 공사 끝에 1782년 류이주가 용천 부사로 있을 무렵 완성했다. 처음에는 이곳으로 이사와 살았던 '구만들' 지명을 따서 '귀만와(歸晩窩)'라 부르다가 중국의 도연명(陶淵明)이 지은 〈귀거래사(歸去來辭)〉에서 따온 글귀인 '운조루(雲鳥樓)'로 바꿨다. '구름 속의 새처럼 숨어 사는 집'이란 뜻의 이름에 자신의 둥지를 찾고 싶은 류이주의 염원이 담겨 있는 듯하다.

마당 둘

| 사랑채와 작은 사랑채 사이에 안채로 들어가는 중문을 배치

　커다란 연못을 지나고 성큼 다가오는 솟을대문 앞에서 잠시 숨을 고르게 된다. 높은 솟을대문의 홍살문 아래에 지금은 말머리 뼈가 대신하고 있지만, 예전에는 호랑이 뼈를 매달아 놓았었다. 대문을 들어서면 사랑마당 뒤로 'ㄱ'자형 사랑채가 높은 기단 위에 당당한 모습으로 서 있다. 사랑채는 정면 5칸, 측면 2칸이고 북쪽으로 2칸이 나와 있으며, 왼쪽부터 누마루, 대청, 사랑방이 있고, 대청 북쪽으로 책방과 제실이 있다. 주변 풍경이 한눈에 들어오도록 삼면이 확 트인 누마루는 계자난간을 설치하고, 추녀에는 활주를 세워 그 기운을 돋보이게 했다. 작은 사랑채는 안채로 출입하는 중문을 사이에 두고 남쪽에 위치한 3칸 반의 규모로 헛간, 골방, 작은 사랑방이 있으며 앞면에 툇마루가 붙어있다.

| 굴뚝을 따로 설치하지않고 전면기단으로 연기가 배출되도록 설계

　여성들의 공간인 안채는 사랑채 사이에 있는 안중간문으로 들어서면 넓은 안마당을 사이에 두고 'ㅁ'자형으로 자리를 잡고 있다. 정면 2칸, 측면 1칸 반의 큰 대청을 사이에 두고 왼쪽에 안방과 부엌, 찬광이 있고, 오른쪽에 2개의 건넌방과 아궁이부엌, 광이 있으며, 작은 사랑채와 연결된 곳간채를 마주하고 있다. 왼쪽에 있는 넓은 부엌을 들어서면 큰사랑 뒷마당으로 통하는 문이 있다. 이곳에 우물이 있는 부엌마당을 두어 여인네들이 쉽게 집안일을 할 수 있도록 했다. 여인네들에 대한 배려는 여기뿐만 아니라 또 하나의 공간에도 담겨 있다. 안채에는 다른 가옥에서는 쉽게 찾아볼 수 없는 2층 구조로 된 비밀의 방이 숨어있다. 남녀유별이 심했던 시절, 바깥나들이가 쉽지 않았던 여인네들은 그곳에서 사랑마당을 오가는

　　　　　　　　　　　　　　　　　　　　마당 둘

| 2층 구조의 날개채에는 비밀의 방이 있다

남성이나 바깥을 몰래 엿볼 수 있었다.

대문 밖에는 장방형의 커다란 연못을 만들고 한쪽에 원형의 섬을 놓아 천원지방(天圓地方)을 표현했다. 행랑채는 운조루의 정면 담장을 대신하여 솟을대문을 중심으로 19칸이 일직선으로 길게 서 있다. 류이주가 건축할 당시에는 행랑채가 청직이방, 아궁이부엌, 행랑방, 곳간 등 좌우로 각각 12칸씩 24칸이나 되었다고 한다. 특히 행랑채 왼쪽 끝에는 집안에 죽은 사람을 잠시 모셔 두던 가빈(家殯) 터도 있었다.

사당은 안채와 구분되는 담장을 쌓고 그 뒤쪽에 자리 잡고 있다.

| 안채와 연결된 2층 구조의 날개채　　　　　　　　| 가난한 이웃을 배려한 쌀뒤주

남도의 대표적인 적선가로 손꼽히는 구례 운조루 고택은 관광객
은 물론이고 답사객의 발길이 끊이지 않는 곳이다. 특히 '타인능해
(他人能解)'라고 씌어있는 뒤주와 굴뚝은 꼭 눈여겨봐야 한다. 뒤주
는 쌀을 가져가는 사람의 불편한 마음을 헤아려 다른 사람의 눈을
피할 수 있도록 사랑채와 안채로 통하는 헛간에 놓아두었다. 쌀 세
가마니가 들어가는 200여 년 된 원통형 뒤주에는 배고픈 사람 누
구나 쌀을 퍼갈 수 있도록 문을 항상 열어 뒀던 류이주의 나눔에
대한 철학이 담겨 있다. 굴뚝 또한 사랑채와 안채 별로 따로 두지
않고, 전면 기단에서 연기가 배출되도록 설계를 했다. 이는 마당으
로 연기가 낮게 퍼지도록 해서 어렵고 가난한 이웃에게 밥 짓는 연

| 주변 풍경이 한눈에 들어오는 사랑채 누마루

기가 보이지 않게 하려는 사대부가의 배려를 담은 것이다. 지리산 자락에 있는 구례는 동학, 여순반란사건, 한국전쟁 등을 거치면서 큰 피해를 입었지만 그런 상황에서도 운조루가 건재할 수 있었던 것은 바로 이렇게 '나눔과 베풂'을 실천하며 상생한 노블리스 오블리주 덕분이었다.

고택은 과거 속에 머무는 공간이 아니라 현재에도 함께할 수 있는 곳으로 점점 변화하고 있다. 그 옛날 영화롭던 시간으로 되돌릴 수는 없고 손님을 맞느라 주인의 손길이 분주해지겠지만 고택의 창호지 너머로 두런두런 사람 목소리가 들렸으면 좋겠다.

주변고택

• **곡전재**(전남 구례군 토지면 곡전재길 15-2, 구례 향토문화유산 2003-9)

구례 화엄사

오산 바위절벽 사성암

 주변명소

지리산 자락에 있는 전남 구례는 사계절 내내 관광객이 찾는 곳이 되었
다. 매년 3월이면 산수유축제, 4월이면 섬진강변 벚꽃축제, 10월이면
피아골단풍축제가 열린다.

• **구례 오일장**: 200년 역사를 자랑하는 장으로, 3, 8로 끝나는 날 장터가
열린다.

• **구례 화엄사**(전남 구례군 마산면 연기암길 5): 544년 인도 승려 연기에 의해

구례 화엄사 구층암

화엄사 사사자석탑

창건된 화엄성지로, 국보 제67호인 각황전을 비롯해 국보 4점, 보물 7점, 천연기념물 1점 등 많은 문화재와 20여 동의 부속건물이 있다.

- **구례 오산 사성암**(전남 구례군 문척면 사성암길 303): 544년 연기 조사가 세웠다고 전해지며, 원효대사, 도선국사, 진각국사, 의상대사가 수도했다고 하여 사성암이라 부른다. 오산의 바위 절벽에 세워진 암자에 오르면 섬진강 물길 따라 구례 일대가 한 폭의 그림처럼 펼쳐진다.

- **노고단**(전남 구례군 산동면 노고단로 1068-321): 천왕봉, 반야봉과 함께 지리산 3대 주봉의 하나로, 한국전쟁 전까지만 해도 외국 선교사의 별장이 50여 채나 있었을 만큼 사계절 내내 경치가 아름다운 곳이다. 성삼재 고갯마루에서 정상까지는 1시간이면 오를 수 있다.

경주

최부자댁

한국의 노블리스 오블리주 실천

중문 쪽에서 바라본 안채

한국의 노블리스 오블리주 실천

경주 월성 서쪽에 자리 잡은 교동(校洞)마을은 신라 때는 한반도 최초의 국립대학인 국학이 있었고, 고려 시대에는 향학이, 조선 시대에는 향교가 있던 유서 깊은 마을이다. 월성(月城)을 끼고 앞으로는 남천이 흐르는 이 마을은 경주 최부자댁(慶州 崔富者宅, 경북 경주시 교촌안길 27-40, 국가민속문화재 제27호)을 중심으로 아름다운 돌담길을 따라 전통한옥이 많이 남아 있고 곳곳에 볼거리, 즐길 거리가 다양해 많은 사람이 찾아오는 명소이다.

교동마을에 자리 잡은 최부자댁은 사람들에게 '경주 최진사댁'으로 더 알려진 집이다. 12대로 이어진 400년 동안 만석꾼 재산을 지켜내고 9대에 걸쳐 진사를 배출한 최부자댁은 경주최씨(慶州崔氏) 최언경(崔彦璥, 1743~1804)이 신라 시대 요석궁이 있던 이 터에 집을 지으면서 교동 시대를 열었다. 1600년대 초 경주 지방에서 처음 가문을 연 최진립(崔震立)은 임진왜란 때 의병장이 되어 왜군을 물리친 분으로, 이후 약 200년 동안 가문은 경주 내남면 개 무덤이라는

| 왼쪽으로 돌출된 부분에 누마루와 방을 배치한 사랑채

곳에 위치했다가 교동으로 이전한 것이다. 최부자댁은 최진립부터 광복 직후 모든 재산을 바쳐 대학을 설립한 최준(崔浚, 1884~1970)까지 대를 이어 한국의 노블리스 오블리주를 실천하였다.

"아무리 부자라고 해도 3대를 넘기기 힘들다"고들 하지만, 예외도 있는 법이다. 최부자댁이 400년 동안 부를 누릴 수 있었던 비결은 지금까지 회자되고 있는 가문의 육훈(六訓)에 그대로 담겨있다.

- 과거를 보되 진사 이상 벼슬을 하지 마라
- 만 석 이상의 재산을 사회에 환원하라
- 흉년기에는 땅을 늘리지 마라
- 과객을 후하게 대접하라

마당 둘

| 내부에 쌀 800석을 보관할 수 있는 곳간채 (사진제공=문화재청)

- 주변 100리 안에 굶어 죽는 사람이 없게 하라
- 시집온 며느리는 3년간 무명옷을 입어라

경주최씨 12대손 문파 최준 선생은 이곳에서 태어나 전 재산을 독립운동과 교육사업에 헌신하였다. 선생은 백산 안희제(白山 安熙濟, 1885~1943) 선생과 백산상회를 설립해 조선 국권 회복을 위한 운동과 대한광복회에 군자금을 대면서 독립운동을 지원하였으며, 항일투쟁을 전개하다가 체포되어 심한 옥고를 치르기도 하였다. 그리고 민족혼을 일깨우기 위해 문화사업에도 힘써 1920년 '경주고적보존회'를 설립하였고, 1932년에는 정인보(鄭寅普, 1893~1950) 선생 등과 함께《동경통지》도 편찬해 문화유산을 지키고 알리는 데 크

| 장독대 너머 안채를 중심으로 양쪽에 날개채를 배치

게 이바지하였다. 인재양성에도 큰 뜻을 품었던 선생은 해방 후 전 재산을 기증해 현재 영남대학교의 전신인 계림대학과 대구대학을 설립했다.

조선 시대 전형적인 종가의 모습을 갖춘 경주 최부자댁은 넓은 대지 위에 대문채, 사랑채, 안채, 중문간채, 별당, 곳간채, 사당으로 이뤄져 있다.

솟을대문이 있는 대문채를 들어서면 넓은 사랑마당이 펼쳐지고, 'ㄱ'자형 사랑채가 서 있다. 사랑채는 사랑대청·사랑방·침방으로 구성되어 있고, 여기에 방과 누마루가 전면으로 돌출되어 있다. 이

사랑채는 1970년 화재로 새 사랑채와 대문채가 함께 소실되었으나 2007년 복원되었다.

새 사랑채 자리는 정원으로 꾸며놓았고, 대문채는 정면 7칸으로 솟을대문 양옆에 청지기방과 곳간으로 구성되어 있다.

중문간채를 돌아 들어가면 안채 영역이다. 잠시 숨 고르기를 할 수 있는 내외벽이 설치된 중문간채 너머에 반듯하게 펼쳐진 안마당과 'ㄷ'자형 안채가 자리하고, 마당 앞쪽에는 나지막한 담장이 설치된 장독대가 있다.

안채는 정면 7칸, 측면 5칸 반의 규모로, 대청과 안방을 중심에 두고 양쪽에 익랑이 연결되어 있다. 대청 왼쪽에 건넌방을 두고, 그 앞쪽으로 마루와 온돌방을 차례로 배치한 익랑이 연결되어 있다. 그리고 안방 오른쪽으로 3칸 규모의 큰 부엌을 두고 그 앞쪽으로 온돌방과 마루를 둔 익랑이 있다. 안채 중심부에는 툇마루를 두고 익랑에는 앞쪽에 쪽마루를 두어 출입하기 편리하도록 했다.

중문간채 앞쪽에 자리한 곳간채는 만석꾼 집안의 보관창고로 그 규모 또한 크다. 통풍이 잘 되도록 외부에 판벽을 시설한 곳간채는 정면 5칸, 측면 2칸 규모로 쌀 800석을 보관했다고 한다. 곳간채 앞에 시원스레 펼쳐진 넓은 마당은 집안의 대소사나 농사일에 사용되었다.

사당은 안채 북쪽으로 따로 쌓은 담장 속에 정면 3칸, 측면 1칸 반의 크기로 건축되어 있다.

조선 시대 경상도 최고 부자였던 경주 최부자댁은 당시 숙식이 여의치 않았던 수많은 과객에게 숙식을 제공했고 그들이 떠날 때면 노잣돈과 음식까지 들려 보내는 넉넉한 인심을 베풀었다. 일제

❙현재 사랑채 오른쪽 정원으로 꾸며진 자리는 원래 있었던 새사랑채의 복원을 기다리고 있다

강점기에는 독립운동과 교육사업에 모든 재산을 내놓았던 최부자
댁은 오늘날에 이르기까지 진정한 부자의 덕목을 실천한 집안으로
다시 한 번 우리에게 귀감이 되고 있다.

경주 **최부자댁**

 주변고택

• **경주 월암 종택**(경북 경주시 식혜골길 35, 국가민속문화재 제34호)

고촌마을

월정교

동궁과 월지   첨성대

주변 명소

- **교촌마을**(경북 경주시 교촌길 39-2): 향교와 최부자댁을 중심으로 조선 시대의 전통한옥마을을 복원하여 문화유적의 원형을 잘 보존하고 있다. 또한, 마을의 과거와 현재를 한눈에 볼 수 있는 홍보관을 비롯해 관광객이 직접 전통문화를 접할 수 있는 체험장과 최부자아카데미교육장 등은 관광과 교육을 위한 복합문화공간이다. 마을 앞에 경주 월정교도 복원해 놓았다.

- **경주 첨성대**(경북 경주시 인왕동 839-1번지): 신라 시대에 천체의 움직임을 관찰하던 천문관측대로, 받침대 역할을 하는 기단부 위에 술병 모양의 원통부를 올리고 맨 위에 '井'자형의 정상부를 얹은 구조로, 높이는 약 9m이다.

- **경주 동궁과 월지**(경북 경주시 원화로 102): 안압지 서쪽에 있는 신라 왕궁의 별궁 터이다. 다른 부속건물들과 함께 왕자가 거처하는 동궁으로 사용되었고 나라의 경사가 있을 때나 귀한 손님을 맞을 때 이곳에서 연회를 베풀었다고 한다.

남양주

궁집

영조의 사랑이 담긴

안주인의 사생활이 보장되는 안채 뒷마당

영조의 사랑이 담긴

남양주 장내마을 남쪽에 있는 묘적산의 한 줄기에서 뻗어 내린 나지막한 산자락에 자리 잡은 남양주 궁집(南楊州 宮집, 경기 남양주시 평내로 9, 국가민속문화재 제130호)은 주변 숲과 잘 어우러져 아름다운 경관을 갖고 있다. 궁집은 조선 제21대 영조(英祖)와 숙의 문씨(淑儀 文氏)의 소생인 화길옹주(和吉翁主, 1754~1772)의 부마 능성위 구민화(綾城尉 具敏和, 1754~1800)의 집이다. 영조는 60세가 넘어 얻은 막내딸이 시집을 가자 궁의 목수가 사가를 지을 수 없는 관례까지 어겨가며 살림집을 마련해 준 것이다. 나라에서 목재와 목수를 보내 지어주었기에 이 집을 '궁집(宮집)'이라 불렀다.

12세에 출가한 화길옹주는 이 집에서 죽을 때까지 9년간 생활하였다. 지금은 궁집 주변에 대규모 아파트 단지가 들어서서 옛 모습은 찾아볼 수 없지만, 집으로 들어서면 넓은 대지 위에 궁집을 비롯해 10여 동의 부속사와 전시관, 야외공연장 등 각 건물이 동서로 흘러내리는 물길을 따라 올라가면서 고목들과 어우러져 여전히 아

❙ 사랑채 앞마당에서 바라본 사랑채 전면 (사진제공=문화재청)

름다운 모습을 느낄 수 있다.

남양주 궁집은 'ㄇ'자형의 안채와 'ㅡ'자형의 문간채가 안마당을 사이에 두고 완전히 폐쇄된 'ㅁ'자형을 이루고 있으며, 안채의 남서쪽으로 치우쳐서 'ㄱ'자형 사랑채가 배치되어 있다.

문간채를 통해 안채영역에 들어서면 안방과 대청을 중심으로 한 정침공간이 정면 5칸 반, 측면 2칸으로, 양쪽 날개채가 정면 3칸, 측면 1칸으로 구성되어 있다. 대청 앞쪽 동쪽 날개채에는 건넌방과 부엌이 연이어 있고, 서쪽 날개채는 아랫방과 마루방을 두었는데 이곳을 통하여 사랑채로 드나들 수 있도록 하였다. 안방과 대청 앞에는 반 칸의 툇마루를 두었으며, 좌우 날개채의 정면으로는 쪽마루가 설치되어 있다.

문간채는 5칸으로, 동쪽에서부터 대문간, 광, 다락방이 배치되어

| 양쪽에 날개채를 배치한 안채 (사진제공=문화재청)

있고 남쪽 모퉁이에 있는 다락방은 사랑채와 중첩되어 있다.

사랑채는 정면 4칸, 측면 2칸으로 1칸의 내루(內樓)를 돌출시켜 전체적으로 'ㄱ' 자형의 구성을 하고 있다. 서쪽에서부터 대청마루 2칸, 온돌방 2칸을 배치했다. 동쪽 온돌방은 안채의 마루방을 통하여 안채와 연결되어 있다. 사랑방 앞쪽으로 툇마루가 설치되어 있고, 대청마루의 남쪽으로는 대청마루보다 1자 정도 높여 내루를 만들어 돌출시켰다. 사랑채 앞에는 넓은 사랑마당이 있고, 사랑채로의 진입은 사랑마당의 동, 서쪽 담장에 낸 협문을 통해서 하도록 했다.

1994년에 세운 대문채는 정면 3칸, 측면 2칸의 평삼문으로 구성되어 있는데 양측에 창고를 한 칸씩 두고 가운데에 대문간을 배치했다.

| 용인에서 옮겨 세운 용인집

| 신정왕후 조 씨의 친정집을 이건한 군산집

마당 둘

| 영조가 막내딸 화길옹주를 위해 지어준 살림집, 안채

　이곳에는 궁집 영역의 동쪽에 있는 2채의 초가 이외에도 한옥에 관심이 많았던 화가 권옥연 씨가 순조의 큰며느리인 신정왕후 조 씨(1808~1890)의 친정집인 군산집, 구한말 송병준의 가옥이었던 용 인집, 강감찬 장군의 사당이었던 건물을 옮겨 세운 다실이 있다.

　원래 경기도 용인에 있었던 것을 1979년 이곳에 옮겨 세운 용인 집은 앞쪽에 'ㄴ'자형 문간채를 두고, 그 후면에 'ㄱ'자형 안채를 연 결한 튼 'ㅁ'자형으로 배치되어 있다.

　안채에는 안방을 중심으로 서쪽으로 2칸의 부엌, 1칸의 마루방, 1칸의 방을 나란히 배치하고, 남쪽으로는 2칸의 대청, 2칸의 건넌 방을 배치하였다. 건넌방 앞으로는 툇마루를 두고, 뒤로는 반 칸 규 모의 마루방과 화장실을 두었다.

　앞에 커다란 연못을 두고 뒤로는 울창하게 우거진 송림을 배경

| 강감찬 장군 유적지에 있던 사당을 옮겨와 다실로 사용

으로 고즈넉하게 자리 잡은 다실은 원래 낙성대 내에 있던 강감찬 장군 유적지의 서당이었으나 서울대학교 관악캠퍼스 조성 때 해체하여 1982년 이곳에 옮겨 세운 것이라 한다.

이 건물은 'ㄷ'자형 평면으로 대청을 중심으로 서쪽에 2칸의 안방이 있고 안방 옆으로 전면에 1.5칸의 방을 붙이고 후면으로 1칸의 부엌을 두었다. 동쪽으로는 1칸의 건넌방과 부엌을 두었고, 건넌방 북쪽으로는 방바닥보다 1자 정도 높여 1칸 반의 내루를 만들어 돌출시켰다. 내루의 전면은 연못 속에 장주초석을 세우고 자리

마당 둘

를 잡은 것이라, 내루에 앉아 문을 열면 마치 물속에 떠 있는 기분이 들게 한다.

군산집은 궁집 영역의 가장 동쪽 끝에 있다. 원래는 순조의 큰며느리 신정왕후의 친정집 일부였던 것을 1981년에 이곳에 옮겨 세운 것이라 한다. 이 건물은 좌우 대칭의 'ㄷ'자형 평면으로 가운데 마루를 두고 양쪽 날개 쪽에 방과 부엌을 배치하였다.

현재 남양주 궁집은 권옥연·이병복 부부가 매입해 무의자(無依子) 재단에서 관리를 하고 있다. 무의자는 '욕심을 벗어던진 사람'이란 의미를 지내고 있는 고(故) 권옥연 화백의 호이다. 예술가 부부는 고택을 비롯해 전통 목기구와 석물 등 우리 민속예술품에 관심이 지대하여 궁집과 사라질 위기에 처한 전국의 고택을 매입해 이곳으로 이전해 복원시키는데 헌신을 다했다.

무의자 재단은 몇 년 전까지만 해도 이곳 궁집에서 음악회, 전시회 등 다양한 문화행사를 열었지만 현재는 잠시 숨 고르기를 하며 낡고 훼손된 고택을 보수하는 데 여념이 없다. 고풍스러운 문화공간으로 다시 우뚝 서게 될 그 날을 기다려 본다.

주변 고택

• **남양주 동관댁**(경기 남양주시 진접읍 금강로 961번길 25-14, 국가민속문화재 제

 129호)

실학박물관

다산 유적지

 주변 명소

서울과 한강을 사이에 두고 맞닿은 남양주는 쾌적한 자연을 간직하고 있다. 천마산·축령산·서리산·운길산 등 사방이 산으로 둘러싸여 있고, 시 전체 주요 지역을 연결하는 산책 코스인 13개 다산길이 있어 가까운 나들이를 원하는 사람들에게 좋은 휴식처가 되고 있다.

• **남양주 실학박물관**(경기 남양주시 조안면 다산로747번길 16)과 **다산 선생 생가**: 남양주시 마재마을에 자리 잡은 박물관은 다산 정약용 선생의 실학 및 실학과 관련된 유·무형의 자료와 정보를 수집·보존·연구·교류· 전시할 뿐만 아니라 지역 주민에게 교육과 정보, 다양한 프로그램을 통한 즐거움을 제공하는 문화복합공간이다.

• **남양주 사릉**(경기 남양주시 진건읍 사릉로 180): 조선 6대 단종의 부인 정순 왕후의 무덤이다. 숙종 24년(1698)에 단종이 왕으로 복위되면서 정순 왕후로 봉해졌고, 정순왕후의 무덤도 사릉(思陵)이라는 능호를 받았 다.

경주김씨 고택

임꺽정을 토벌하고 난을 평정하다

┃ 솟을대문을 들어서면 오른쪽에 사랑채, 왼쪽에 행랑채가 있다

大烹豆腐瓜薑菜 최고 좋은 반찬은 두부, 오이, 생강, 나물이요
高會夫妻兒女孫 가장 좋은 모임은 부부와 아들딸 손자의 모임이다.

— 추사 선생이 71세에 쓴 주련(柱聯)

임꺽정을 토벌하고 난을 평정하다

충남 서산과 해미를 이어주는 길목에 '한다리(大橋)'가 있었던 음암면 한다리 마을이 있다. 남쪽 전방에서 흐르는 대교천(大橋川) 주변에는 넓은 농경지가 펼쳐져 있고, 뒤편으로는 나지막한 야산이 있어 사람이 살기 편안한 곳이다.

한다리 마을은 고려 말 성리학자인 상촌 김자수(桑村 金自粹)의 5대손 김연(金堧, 1494~?)과 그의 아들 김호윤(金好尹, 1534~?)이 터를 잡아 세거하면서 경주김씨(慶州金氏) 16대를 이어온 터전이 되었다. 원래 이 집안은 경북 안동에서 살았고 김연은 한양에서 살았다. 김연은 무과 급제 후 서흥부사가 되어 임꺽정(林巨正)을 토벌하고 안주목사를 지낸 인물로 난을 평정하고 얻은 사패지를 근거로 약 500년 전 한다리 마을에 집성촌을 이루며 살게 되었다. 경주김씨가 서산에서 대표적인 가문으로 성장하게 된 것은 김연의 5대손 김적(金積, 1564~1646)부터였다. 그에게는 네 아들이 있었는데 막내 김홍욱의 후손이 서산에서 가문을 부흥시켰다. 한다리 김씨 가문은 김연의 7

| 사랑채 뒷면에 추사 김정희 선생이 쓴 주련이 있다

대손 김한구(金漢耉, 1723~1769)의 딸이 영조의 계비 정순왕후(貞純王后, 1745~1805)로 책봉되어 정치에 직접 관여하고, 많은 영상과 정승을 배출함으로써 조선 최고의 명문가로 손꼽히게 되었다.

음암면 한다리 마을로 들어서면 정순왕후가 출생해 왕비가 되기 전까지 살았던 정순왕후 생가(貞順王后 生家, 시도기념물 제68호)와 작은댁인 서산 경주김씨 고택(瑞山 慶州金氏 古宅, 충남 서산시 음암면 한다리길 45, 국가민속문화재 제199호)이 담 하나를 사이에 두고 나란히 붙어 있다. 정순왕후 생가는 조선 효종 때 승지와 예조참의 등을 지낸 김홍욱이 효종과 친분이 있었는데, 그가 노부를 모시고 있음을 알고 아버지인 김적에게 왕이 내린 집으로 효종 때인 1649~1659년 사이에 지은 것으로 추정하고 있다.

| 우물이 있는 안채영역은 트인 곳이 없이 꽉 짜여진 'ㅁ'자형 평면이다

    경주김씨 고택은 건축연대는 정확히 알 수 없지만, 건립 당시의 모습을 잘 간직하고 있는 안채와 사랑채의 건축양식으로 볼 때 19세기 중반에 지은 건물로 추정하고 있다.

    솟을대문을 들어서면 사랑채 후면이 바로 보이고 그 왼쪽으로 행랑채를 배치했다. 오른쪽으로 중문간채와 초당을 동서로 나란히 배치하고, 그 사이에 협문을 두었다. 사랑채 뒤편에 'ㅁ'자형 안채를 두어 사랑채영역과 안채영역을 협문과 담으로 엄격하게 구분해 놓았다.

| 햇빛과 비를 피할 수 있는 차양이 설치된 사랑채

　사랑채는 안채 오른쪽 끝에 수직으로 연결된 정면 3칸, 측면 2칸
의 'ㅡ'자형 건물로 대청마루가 없는 대신 크고 작은 방 2개를 배치
하고 앞뒤로는 툇마루를 두었다. 특히 사랑채 전면에 일반 민가에
서는 보기 드문 차양을 설치해 여름에는 뜨거운 햇볕과 비를 피하
게 해주고, 겨울에는 따사로운 햇살이 적절히 들게 조절하는 역할
을 하도록 했다. 차양 지붕은 사랑채 1칸 앞에 팔모기둥을 세우고
그 위에 옆에서 볼 때 '人'자 모양의 맞배지붕을 얹었다. 앞면은 부
연을 단 겹처마로, 뒷면에는 홑처마를 달아 앞쪽을 더 길게 처리했
다.

　사랑마당 정면에 있는 행랑채는 정면 7칸, 측면 1칸의 'ㅡ'자형
건물로 가운데 곳간과 부엌을 두고 좌우로 방과 큰 곳간을 배치하

| 실용적으로 개조한 안채 부엌

였다.

안채는 완벽한 '口'자형 구조로 배치했다. 몸채는 가운데 안대청과 안방을 중심으로 왼쪽에 6칸의 커다란 부엌을 두었고, 오른쪽에 건넌방을 배치하고 전면에는 반 칸 폭의 개방된 툇마루를 달았다. 특히 6칸 부엌은 과거와 현대가 공존하는 공간이다. 기존의 재래식 아궁이와 가마솥은 그대로 살려두고 생활하기 편리하도록 현대적인 공간으로 바꿔, 여러 사람이 모여앉아 식사뿐만 아니라 함께 차를 마시며 담소를 나눌 수 있게 넓게 꾸며 놓았다.

건넌방 아래쪽으로는 아궁이가 있는 부엌과 아랫방을 두고 옆에 있는 안대문간과 연결되어 있다. 안대문간 오른쪽에는 사랑채의 사랑부엌을 배치하였다. 부엌 앞으로는 2칸의 광을 두었고, 사랑

| 추사 김정희 선생의 주련이 걸린 사랑채 뒷면

채와 붙은 맞은편 익랑에는 헛간, 마루방, 광을 배치했다. 안채 뒷마당에 있는 3칸 초당은 방과 광으로 구성되어 있는데 공부방으로 사용한 듯하다.

서울에서 살다가 15년 전 이곳에 내려온 김기현(1940년생)·이효원 선생 부부는 평생 강단에서 학생들을 가르쳤던 분들이시기에 시골 생활이 힘들 법도 한데 두 분 모습에선 미소가 떠나질 않는다. 그동안 고택에서 살다 보니 무엇이 불편한지, 어떻게 고쳐야 원형을 훼손하지 않고 편리한 공간이 될 수 있는지 조금씩 알게 되는 것 같다고 한다. 고택문화재는 원형 그대로 문화재로서의 가치를

| 충민공 김홍익 선생의 12대 후손 김기현 선생 부부

보존하면서 후손들에게 물려줘야 하는 것이기도 하지만 생활하기가 불편하고 힘이 들면 누구도 실제로 거주하려고 하지 않을 것이다. 고택은 사람의 온기를 불어넣을 때 더욱 빛을 발하는 법. 고향에서 멋지게 인생 2막을 열고 있는 두 분의 모습이 아름답다.

주변 고택

- **정순왕후 생가**(충남 서산시 음암면 한다리길 39, 시도기념물 제68호)
- **서산 유기방 가옥**(충남 서산시 운산면 이문안길 72-10, 시도민속문화재 제23호)

유기방 가옥

해미읍성

 주변 명소

얼굴 가득 자애롭고 온화한 '백제의 미소'를 간직한 서산 마애여래삼존 상이 가장 먼저 떠오르는 충남 서산은 예로부터 내포 문화권의 중심지 였다. 비옥한 땅, 기름진 갯벌, 드넓은 바다에서는 사계절 풍부한 먹거리가 생산되고, 천수만 간척사업, 대산공업단지, 서해안고속도로의 개통 등 개발의 물결 덕택에 서해안 시대의 중심지로 떠오르고 있는 곳이다.

간월암

개심사 대웅전과 심검당

- **서산 해미읍성**(충청남도 서산시 해미면 남문2로 143): 고려 말 국정이 혼란한 틈을 타 왜구가 해안지방을 침입해 막대한 피해를 입히자 이를 제압하기 위해 축성한 성이다. 또한, 조선 후기 천주교 탄압으로 1,000여 명의 천주교 신도가 처형되었던 순교성지이기도 하다. 매년 10월이면 해미읍성역사체험축제가 이곳에서 열린다.

- **서산 개심사**(충남 서산시 운산면 개심사로 321-86): 성왕산 남쪽 기슭에 자리 잡은 서산 개심사는 백제 의자왕 14년(654)에 혜감 스님이 창건하였다. 이곳에는 서산 개심사 대웅전(보물 제143호), 목조아미타여래좌상(보물 제1619호), 영산회괘불탱(보물 제1264호)을 비롯해 보물 5점과 많은 사찰문화재가 남아있다.

- **간월암**(충남 서산시 부석면 간월도1길 119-29): 서해안 낙조의 명소로 꼽히는 곳이다. 고려 말 무학대사가 이곳에 암자를 짓고 '무학사'라 부르다가 1914년 만공 스님이 중건하였다. 무학 대사가 이곳에서 수도하다가 달을 보고 도를 깨우쳤다고 해 '간월암'이라 부르게 되었다.

서천

이하복 고택

왔다, 사랑했다, 갔다

▎전통적인 초가집 분위기를 간직하고 있는 사랑채

教育報國 教而濟民
교육보국의 이념 아래 자아개발을 통하여
국가사회에 헌신봉사할 수 있는 주체적 인간을 육성한다

— 청암 이하복의 '동강학원' 건학이념

왔다, 사랑했다, 갔다

"왔다, 사랑했다, 갔다"

청암 이하복(青菴 李夏馥, 1911~1987) 선생은 자신의 삶을 한마디로
이렇게 규정했다. 일본 와세다대 경제과를 졸업한 이하복 선생은
보성전문학교(현 고려대학교)에서 교편을 잡았지만 1944년 일본이 학
생들을 강제로 전쟁터로 몰아내는 것에 격분해 교편을 내던지고
고향인 서천으로 내려와 농촌계몽운동을 시작했다. 이하복 선생은
농한기인 겨울, 사랑방마다 노름으로 시간을 보내던 청년들을 설
득해 가마니를 공동으로 짜서 판매하는 '가마니조합'을 만들어 자
립할 수 있는 운동을 펼쳤다. 광복 후에는 학교에 다니기 힘든 학
생들을 위해 1946년에는 동강고등공민학교를, 1949년에는 동강
학원과 동강중학교를 설립해 '교이제민(敎而濟民)', 즉 교육보국의 이
념 아래 면학정신과 자아계발을 통해 국가사회에 헌신 봉사할 수
있는 주체적 인간을 육성한다는 건학이념을 내세웠다. 이하복 선
생은 우리나라 근·현대 격동기를 몸소 거치며 사회계몽운동에 모

| 북쪽을 바라보게 지은 사랑채(왼쪽)와 헛간채

든 것을 바치고 청빈한 삶을 살았다. 생전에 당신께서 죽으면 묘 옆에 아무 비석도 세우지 말고 그저 작은 자연석에 '왔다, 사랑했다, 갔다'를 새겨 달라고 하셨다.

서천 이하복 고택(舒川 李夏馥 古宅, 충남 서천군 기산면 신막로57번길 32-3, 국가민속문화재 제197호)은 멀리 진산(鎭山)에서 이어진 산줄기가 좌청룡(左靑龍), 우백호(右白虎)를 이루고 한마장 앞에는 큰 연못(지금은 메워짐)이 있는 명형국지(名形局地, 일명 소쿠리형 지형) 명당 터에 자리를 잡고 있다. 200여 년 전 한산이씨(韓山李氏) 목은 이색(牧隱 李穡, 1328~1396) 선생의 18대손 이병식 선생이 처음 안채 3칸을 지은 이후 그의 아들이 20세기 초 사랑채, 아래채, 위채 등을 지었고, 후에 새로 증축해 지금에 이르렀다. 남서향으로 자리 잡은 초가는 안마당을 중심으로 안채와 사랑채가 나란히 'ㅁ'자형으로 배치되어 있고, 사랑채

| 아랫방 앞으로 헛청을 둔 안채

오른쪽 중문을 사이에 두고 아래채와 위채가 마주 보고 있다. 우리나라 중부지방 전통 초가의 모습을 그대로 보존하고 있는 곳이다.

특히 이 고택은 청암 선생의 고집스러운 성격이 있었기에 지켜낼 수 있었다. 1970년대 새마을운동으로 농촌 주택개량사업이 추진될 때도 이 집만은 절대 훼손할 수 없다고 완고하게 버텼기에 보존할 수 있었다고 한다.

안채는 원래 부엌과 방 2칸으로 지어진 '一'자형 건물이었으나, 후대에 늘려 6칸 규모의 'ㄱ'자 건물로 왼쪽 끝에 부엌을 두고 안방, 윗방, 대청, 아랫방을 배치하고 아랫방 앞으로 헛청을 덧달아 내었다. 안방 앞과 뒤쪽에는 툇마루를 두었고, 초가인데도 앞쪽 지붕 길이를 길게 나오게 해 다시 한 번 올려다보게 만든다. 사랑채는 정면 4칸 규모의 '一'자형 건물로 왼쪽부터 대문간, 부엌, 사랑방

| 고택 곳곳에 전시되어 있는 민속생활자료

을 배치하고, 앞쪽과 오른쪽에 툇마루를 두었다.

아래채는 사랑채 오른쪽으로 중문을 사이에 두고 특이하게도 북쪽을 바라보게 지었다. 정면 5칸 '一'자형 건물의 아래채에는 왼쪽부터 부엌, 안방, 윗방, 광이 있고 안방 앞에 툇마루를 두었다. 이곳은 며느리가 거처하는 곳으로 북쪽에 넓은 마당을 두어 며느리가 외부와의 직접적인 접촉을 피하고 독립적인 공간을 가질 수 있도록 한 어른들의 배려가 담긴 건물이다.

위채는 대홍수로 인해 소실되었던 건물을 복원한 것으로, 결혼한 아들이 오리엔테이션 기간을 거치는 공간이라 할 수 있다. 정면 4칸의 '一'자형 건물로 왼쪽부터 외양간, 방, 마루를 배치했다.

서천 이하복 고택은 생활사박물관이라 해도 될 만큼 선조의 손때 묻은 유물이 집안 곳곳에 보관되어 있다. 방, 곳간, 창고 등에는 일상생활에 사용되었던 그릇, 제기 등의 주방기구, 각종 서적과 고

| 후손에게 물려줄 민속교육자료

문서가 정결하게 정돈되어 있다. 이젠 점점 사라져서 보기 힘든 농
기구와 목공기구, 가마니를 짜던 기계, 베틀, 가마, 달구지 등이 작
은 이름표를 달고 곳곳에 전시되어 있다.

청암 선생의 장남인 고(故) 이기원 선생을 비롯한 4남 6녀 형제들
은 선친이 남긴 이 지역의 모든 유산을 넘겨 '청암문화재단'을 설
립해 선친이 세운 동강중학교에 대한 지원사업을 벌이고 있으며,
앞으로 집안 곳곳에 보관된 유물을 전시할 수 있는 전시관이나 박
물관을 지어 학생들에게 우리 전통문화를 알리는 소중한 교육자료
로 남겨 줄 예정이라고 한다.

자작자작 장작 타는 소리와 냄새가 온 집안에 구수하게 퍼진다.
초가지붕 너머로 연기가 모락모락 피어오른다. 오래 간직하고 싶
은 우리네 고향 모습이다.

ㅣ사랑채(오른쪽)와 아래채

주변고택

• **월남 이상재 선생 생가지**(충남 서천군 한산면 종단길 71, 시도기념물 제84호)：
　1955년에 유실되었던 월남 이상재(月南 李商在) 선생의 생가터로,
　1980년 복원되었다. 1997년 개관한 유물선시관에는 서적과 임명장
　등 244점의 유품이 보관되어 있다.

이상재 선생 생가지

 주변명소

금강이 서해로 흘러드는 길목이자 철새들의 낙원이 있는 금강하구는
군산과 서천이 서로 마주하고 있다. 강과 바다, 갯벌을 품고 있는 서천
은 아직은 고향 같은 푸근함과 정겨운 풍경이 남아있는 곳이다. 해산물
축제가 가장 많이 열리는 서천에서는 매년 봄이면 마량리 동백꽃·주꾸
미축제를 시작으로 자연산광어·도미 축제가 열리고, 9월에는 홍원항

신성리 갈대밭

마량포구

자연산 전어·꽃게축제가 열린다.

- **한산모시관**(충남 서천군 한산면 충절로 1089): 1500년의 역사를 가지고 있는 우리나라 여름 전통옷감인 한산모시의 가치와 우수성을 알리기 위한 곳으로, 관광객들이 한산모시를 바로 알고 체험할 수 있도록 모시각, 전통공방, 전수교육관, 토속관 등을 갖추고 있다.

- **신성리 갈대밭**(충남 서천군 한산면 신성리): 금강 물결과 신비한 조화를 이루고 있는 신성리 갈대밭은 우리나라 4대 갈대밭 중 하나로, 영화 〈공동경비구역 JSA〉과 〈쌍화점〉, 드라마 〈추노〉 등 수많은 작품의 무대로 등장하면서 많은 사람이 찾아오는 명소가 되었다.

- **마량포구와 마량리 동백나무숲**(충남 서천군 서면 서인로235번길 103): 서해에서 일몰과 일출을 다 볼 수 있다는 마량포구는 지도에서 찾아보면 마치 갈고리처럼 보이는 곳이다. 수령이 500년이 넘는 동백나무가 군락을 이루고 있는 마량리 동백나무숲(천연기념물 제169호)과 동백정(冬柏亭)에 오르면 서해가 한눈에 내려다보인다.

아산

외암마을 참판댁

살아 있는 민속박물관

협문을 들어서면 왼쪽은 사랑채 영역, 오른쪽은 안채 영역으로 들어갈 수 있다

살아 있는 민속박물관

긴 세월 사람의 향기가 오롯이 남아 있는 곳, 그래서 사람들은 아산 외암마을(牙山 外巖마을, 충남 아산시 송악면 외암민속길9번길 13-2, 국가민속문화재 제236호)을 '살아 있는 민속박물관'이라 부르는 모양이다. 외암마을은 이미 500년 전부터 우리 전통을 지키며 사는 민속마을이다. 외암리 기록에는 남아 있지 않지만 500년 전 강 씨(姜氏)와 목 씨(睦氏)가 정착하여 살았다고 한다. 그 후 예안이씨 이사종(李嗣宗)이 이곳에 살고 있던 진한평(陳漢平)의 맏사위가 되고, 조선 명종 때 장사랑을 지낸 이정(李挺)이 낙향하여 정착하면서 외암마을은 예안이씨(禮安李氏)의 새 주거지가 되었다. 외암(巍巖)이란 마을 이름도 이정의 6대손이며 조선 숙종 때 학자인 이간(李柬, 1677~1727)이 설화산의 형상을 따 자신의 호를 '외암'이라 지었는데, 그의 호를 따서 마을 이름을 외암이라 했다고 전해진다. 그 후 한자를 간편하게 '외암(外巖)'으로 바꿔 지금에 이르고 있다.

외암마을은 마을 한가운데에 민가가 모여 있고, 마을 앞에는 내

| 돌담길로 이어진 솟을대문

(川) 가 흐르고 그 주변을 논과 밭이 둘러싸고 있다. 거의 6km에 달하는 그리 높지 않은 돌담으로 이어진 고샅길을 따라 참판댁, 영암댁(건재 고택), 송화댁, 참봉댁 등 주인의 관직이나 출신지 이름을 딴반가들과 그 주변에 초가들이 사이사이 섞여 옛 마을의 원형을 유지하고 있어 한 폭의 동양화를 보는 듯하다. 이 마을은 외형만 그대로 간직한 것이 아니라 그곳에서의 삶과 집안의 문화까지 대를 이어가며 고스란히 간직해 오고 있다. 그리고 외암마을은 그동안 〈덕이〉〈야인시대〉와 같은 TV 드라마나 〈취화선〉〈태극기 휘날리며〉와 같은 영화의 촬영 장소로도 많이 알려져 내국인뿐만 아니라 한류를 이끄는 일본이나 대만 등의 외국인도 많이 찾아온다고 한다.

| 넓은 사랑마당을 사이에 두고 사랑채와 행랑채를 마주보게 배치

아산 외암마을 참판댁(牙山 外岩마을 參判宅, 충남 아산시 송악면 외암민속길 42-15, 국가민속문화재 제195호)은 19세기 말 규장각 직학사와 이조참판을 지낸 이정렬(李貞烈, 1868~1950)이 고종으로부터 하사받아 지은 집이다. 행랑채 사이로 낸 솟을대문을 들어서면 넓은 앞마당을 사이에 두고 사랑채가 당당하게 서 있다. 사랑채는 5칸의 'ㅡ'자형의 집으로 작은 사랑방, 대청, 큰 사랑방, 부엌으로 구성되어 있다. 안채는 사랑채 뒤로 안마당을 사이에 두고 'ㄱ'자형 10칸으로 안대청을 중심으로 왼쪽에는 부엌과 안방, 윗방과 골방이 있고 오른쪽에는 건넌방과 작은 부엌, 머리방이 배치돼 있다. 솟을대문과 협문을 연결하는 담 역시 돌담으로 되어 있고 집 안팎에는 주인이 정성스레 가꾼 텃밭이 있다.

| 안대청에서 바라본 사랑채 뒷면과 광채

    외암마을 참판댁은 집안의 가양주인 연엽주(蓮葉酒)로도 유명하다. 충청남도 무형문화재 제11호로 지정된 연엽주는 예안이씨 종부에서 종부로 대물림해서 내려오는 술로, 봄마다 이 술을 빚어 임금께 진상했다 한다. 연엽주는 누룩, 쌀, 찹쌀, 연잎, 솔잎, 감초, 대추 등을 원료로 하여 전통방식으로 술을 빚는다. 연엽주는 이 집에 살고 있는 예안이씨 문정공파 참판댁 종손 이득선(李得善, 1941년생) 선생의 고조부인 이원집(李源集, 1829~1879)이 처음 빚었고, 1850년 연엽주의 제조비법을 당시 궁중음식의 제조법을 기록한 요리책 《치농》에 상세히 기록하여 부인에게 전했다. 지금은 이득선 선생의 부인 최황규(崔晃圭, 1943년생) 여사가 그 비법을 전수하여 연엽주를 빚고 있다.

| 예안이씨 문정공파 참판댁 종손 이득선 선생 부부

이득선 선생은 30대 초반에 이곳으로 내려와 농사를 지으며 생활했다고 하기엔 믿기 어려울 정도로 정갈하고 인자한 선비의 모습이다. 선생은 여기에서 태어나 공부를 위해 잠시 도시로 나갔다가 온 것을 제외하고는 40년 가까이 이곳에 살고 계신다.

참판댁을 나오면서 다시 한 번 마을을 돌아보고 또 돌아본다. 아는 만큼 보인다고 했던가. 지난번 방문에서는 안 보이던 것들이 하나둘 보인다. 옹기종기 들어선 집들 사이로 난 마을의 고샅길을 걸으며 또 하나의 추억을 쌓는다. 오늘은 마을의 풍경보다 돌담 너머로 보이는 아름다운 그들의 삶의 모습이 더 친근하게 다가온다. 벽마다 걸려 있는 농기구며 생활 도구들이 세월의 때를 묻히고 있지만 우리네 삶의 모습을 닮았다. 우리 모두의 고향 같은 곳, 언제까지나 그 모습 고이 간직해 주길 마음속으로 빌어본다.

아산 외암마을 참판댁

┃ 옛마을의 원형을 그대로 유지하고 있는 와암마을 입구 물레방아

주변 고택

- **아산 용궁댁**(충남 아산시 도고면 도고산로587번길 73-21, 국가민속문화재 제194호)
- **아산 윤보선 대통령 생가**(충남 아산시 둔포면 해위길52번길 29, 국가민속문화재 제196호)
- **아산 외암마을 건재 고택**(충남 아산시 송악면 외암민속길 19-6, 국가민속문화재 제233호)

외암마을 건재 고택

천안아산역

현충사 가는길

 주변 명소

아산시는 지난 1995년 온양군과 아산시가 통합된 도시로 예로부터 온천으로 유명한 곳이다. 1960년대는 신혼여행지로 인기를 끌었고, 2008년부터는 수도권 전철이 연결되어 쉽게 올 수 있다.

- **현충사**(충남 아산시 염치읍 현충사길 126): 충무공 이순신(忠武公 李舜臣)이 순국한 지 108년이 지난 1706년(숙종 32)에 지방 유생들의 건의로 임진왜란의 혁혁한 전공을 세운 충무공의 얼을 기리기 위해 세운 사당으로, 충무공이 혼인하여 살던 옛집도 있다. 현충사로 가는 길은 삽교천 지류인 곡교천을 따라 40, 50년 된 은행나무가 도열을 하고 있는 듯 끝없이 이어진다.

- **온양민속박물관**(충남 아산시 충무로 123): 1979년 개관한 온양민속박물관은 우리 선조들의 생활상과 풍습 등을 어린이들에게 보여줌으로써 우리 삶의 뿌리를 간직하게 하려는 설립자 구정 김원대(金源大) 선생의 소망이 담겨있다.

마당 셋
사랑채

아버지의 마음, 선비의 마음

강릉 **선교장**

논산 **명재 고택**

나주 **남파 고택**

봉화 **만산 고택**

안동 **하회마을 화경당 고택**

청송 **송소 고택**

해남 **해남윤씨 녹우당**

홍성 **사운 고택**

강릉

선교장

신선이 머무는 그윽한 집

| 300년이 넘는 아름드리 소나무와 멋진 조화를 이루고 있는 선교장 전경

世與我而相遺　세상과 더불어 나를 잊고
復駕言兮焉求　다시 벼슬을 어찌 구할 것인가
悅親戚之情話　친척들의 정다운 이야기를 즐겨 듣고
樂琴書以消憂　거문고와 책을 즐기며 우수를 쓸어버리리라

– 도연명(陶淵明)의 〈귀거래사(歸去來辭)〉에서

신선이 머무는 그윽한 집

　예로부터 우리 선조는 태백준령 너머 지금은 갈 수 없는 통천(通
川)의 총석정(叢石亭)에서 평해(平海)의 월송정(越松亭)에 이르기까지 동
해안 관동팔경을 한 번쯤 돌아봐야 진정 선비라 불렀다. 길 떠난
선비들이 굽이굽이 대관령을 넘어 당도한 곳이 강릉 땅. 푸른 동해
와 거울처럼 맑은 경포호수가 내려다보이는 경포대(鏡浦臺)에 올라
시 한 수에 노래 한 자락을 읊으면 모두 시인 묵객이 되었다. 그 당
시 머물 곳이 마땅치 않던 선비들은 하나둘 이 지방 최고의 만석꾼
인 선교장을 찾았다. 선교장엔 언제나 사람들로 넘쳐났고, 이런 많
은 사람을 수용하기 위해선 점점 커질 수밖에.

　우리나라 최고의 전통가옥으로 선정된 강릉 선교장(江陵 船橋莊, 강
원도 강릉시 운정길 63, 국가민속문화재 제5호)은 18세기 초 효령대군(孝寧大君)
의 11세손 무경 이내번(茂卿 李乃蕃, 1703~1781)이 터를 잡고 살면서부
터 시작되었다. 안동권씨(安東權氏) 어머니와 충주에서 강릉으로 내
려온 이내번은 처음에 경포대 주변에서 살다가 가산이 점점 늘어

| 선교장에서 가장 먼저 지은 건물인 안채

나자 좀 더 넓은 곳을 찾던 중, 아름드리 소나무가 운치 있는 뒷동
산이 좌우로 펼쳐져 있고 앞으로는 시원하게 드넓은 경포호가 한눈
에 보이는 이곳에 자리를 잡았다. 1700년대 초 이내번이 지은 안채
건립을 시작으로, 그 후손에 의해 1815년에는 사랑채인 열화당(悅
話堂)과 활래정(活來亭) 정자가, 1800년대 중반에 서별당(西別堂)과 외
별당(外別堂)이, 마지막으로 1920년에 동별당(東別堂)이 지어졌다. 선
교장은 처음부터 한 번에 모두 지어진 건물이 아니라 이렇게 시기
를 달리하며 건립되고 확장되었지만 서로 조화롭게 펼쳐져 있다.

  몇 년 전에 선교장 앞으로 경포호수 복원을 통해 드넓은 습지 생

마당 셋

| 솟을대문에 걸린 '선교유거' 현판

태공원이 조성되었다. 약 150년 전만 해도 경포호수는 그 둘레가 12km에 이르는, 지금보다 세 배나 큰 호수였다. 선교장 앞까지 경포호수였다는 거다. 사람들은 배와 배를 서로 연결해서 놓은 배다리를 건너서 이곳을 드나들었다. 그래서 예전에는 선교장을 '배다리 집'이라고 불렀다.

300년은 족히 넘은 아름드리 소나무들이 마치 도열하듯 집을 감싸고 있다. 10개가 넘는 건물, 120칸에 달하는 선교장은 집이라 하기엔 너무 크다. 그야말로 장원(莊園)이다. 넓은 잔디마당 너머 23칸의 긴 행랑채가 가장 먼저 눈에 들어온다. '仙嶠幽居(선교유거, 신선이 머무는 그윽한 집)'라고 쓴 현판이 걸려 있는 사랑채 출입문 솟을대문과 안채로 출입하는 평대문이 나 있다. 행랑채는 하인들이 머물던 숙소이면서 약방(藥房), 공방(工房), 곳간이 함께 있었다. 그리고 이 행랑채에서 이곳을 지나던 길손이 며칠씩 머물다 가기도 했다.

| 테라스가 설치된 열화당 사랑채

　먼저 사랑채 영역으로 들어간다. 넓은 사랑마당 뒤로 사랑채 열
화당이 당당하게 서 있다. 1815년 이내번의 손자 오은 이후(鰲隱 李
垕, 1773~1832)가 건립한 열화당은 3단의 장대석 기단 위에 정면 5
칸, 측면 2칸으로 된 건물로 대청, 사랑방, 침방 그리고 약간 앞으
로 돌출된 누마루가 배치되어 있다. 특히 난간이 설치된 툇마루 앞
에는 우리 고택에서는 쉽게 볼 수 없는 동판으로 된 테라스가 설
치되어 있다. 러시아공사관이 잠시 머물다 간 후 그 답례로 설치해
줬다고 하니 한 번 눈여겨봐도 좋을 듯하다.
　사랑채 앞 왼쪽에는 정면 5칸, 측면 2칸 규모의 중사랑채가 있
다. 이 건물은 가운데 마루를 사이에 두고 양쪽에 각각 방을 두었
다. 중사랑채는 다음에 이 집 주인이 될 장손이 거처하는 곳으로,

| 추운 지역의 특성인 겹집 형태를 갖춘 안채

서로 안면이 있거나 지체 높은 손님이 머물기도 했다.

안채로 가기 전 먼저 사랑채와 안채 사이에 있는 서별당으로 들어선다. 이내번의 증손인 이용구(李龍九, 1798~1837)가 건립한 건물로 높은 기단 위에 정면 5칸, 측면 2칸으로 좌측부터 마루, 방, 마루, 방으로 배치되어 있다. 집안의 서재로 쓰이기도 했지만, 안살림을 내어 준 노모가 머물던 곳이기도 하다. 서별당 앞에는 집안일을 도와주는 여인들이 머물던 연지당이 있다.

다음은 안채 영역이다. 안채는 300년 전 이내번이 가장 먼저 지은 건물로 정면 5칸, 측면 2칸 '一'자형 건물로 대청을 사이에 두고 오른쪽에는 안방과 부엌이, 왼쪽으로는 건넌방이 있다. 건넛방 쪽으로는 딸들이 머물던 익랑채와 부엌살림을 보관하던 반빗간이

| 선교장의 겨울과 여름

| 수많은 시인묵객들이 풍류를 즐기던 활래정 누마루

'ㄴ'자형으로 연결되어 있다. 안채는 추운 지역의 특성인 겹집 형태이며, 방마다 반침이나 골방이 딸려 있고, 다락도 설치해 각종 살림살이를 보관하기 편리하게 했다. 안채는 선교장의 다른 건물에 비해 가장 나지막하고 소박하게 지어진 곳이다.

안채 바로 옆에는 1920년 경농 이근우(鏡農 李根宇, 1877~1938)가 건립한 동별당이 있다. 동별당은 4단의 장대석 기단 위에 정면 4칸의 'ㄱ'자 형 건물로, 대청을 중심으로 왼쪽으로 작은방, 오른쪽으로는 두 개로 분리할 수 있는 큰방이 배치되어 있다. 그리고 뒤로 돌아가면서 쪽마루를 두어 이동하기 편리하게 했다. 이 건물에서 집주인은 휴식을 취하거나 집안 행사를 치를 수도 있었다.

선교장의 백미인 활래정은 이후가 사랑채인 열화당을 지은 다

| 창덕궁 부용정을 닮은 활래정

음해 1816년에 건립한 정자로 서울 창덕궁에 있는 부용정(芙蓉亭)과 닮았다. 활래정에는 'ㄱ'자형 건물로 누마루와 온돌방, 차를 준비하는 다실이 배치되어 있다. 연못에 네 개의 돌기둥을 세우니 물 위에 떠 있는 듯하다. 연못에 연꽃이 활짝 핀 여름날, 4면에 둘러져 있는 분합문을 활짝 들어 올리고 누리는 차 한 잔의 여유가 마치 한 폭의 그림 같다. 연못 가운데 노송이 있는 봉래산, 이상향을 바라보며 수많은 시인 묵객이 풍류를 즐긴 곳이다. 사계절 내내 또 다른 풍경을 보여준다.

그밖에도 장손이 신혼살림을 하거나 분가하기 전 아들 부부가 머물며 집안의 법도를 익히던 외별당, 곳간채, 사당 그리고 집안사람들이 살던 집들이 주변에 남아있다. 특히 곳간채는 1908년 이근우가 영동지방 학생들의 신식교육을 위해 동진학교(東進學校)를 개교했던 곳이다. 한국사학의 효시라 할 수 있는 동진학교는 일제의 탄

마당 셋

| 이강백 강릉 선교장 관장(한복)과 정병국 전 문체부 장관

압 때문에 폐교조치 되었지만 몽양 여운형(夢陽 呂運亨) 등 유능한 교
수를 초빙해 인재를 양성했다.

　현재 강릉 선교장에는 이내번의 9대손인 이강백(李康白, 1948년생)
관장 부부가 살고 있다. 1992년 형님을 대신에 서울 생활을 청산
하고 내려온 이강백 관장은 많이 훼손되고, 생활하기 불편한 집에
끊임없이 온기를 불어넣었다. 집은 그곳에 살고 있는 사람과 함께
변화하고 있음을 증명이라도 하듯. 선교장은 그저 역사 속에서 정
지된 문화재로서의 공간이 아니라 이곳을 찾는 사람에게 조상 대
대로 물려준 소중한 문화유산을 보여주고 전통문화를 체험하며 머
물다가는 공간으로 지금도 변신 중이다.

강릉 **선교장**

주변 고택

• **강릉 심상진 가옥**(강원 강릉시 운정길 125, 시도유형문화재 제79호)

• **강릉 오규환 가옥**(강원 강릉시 강릉대로210번길 23-9, 시도유형문화재 제80호)

• **강릉 조수환 가옥**(강원 강릉시 칠성로607번길 28 , 시도유형문화재 제96호)

강릉 선교장 전통가구박물관

주변 명소

푸른 동해 위로 떠오르는 붉은 해를 보기 위해 한 번쯤은 강릉을 방문
했을 터. 산, 바다 천혜의 자연경관과 우수한 역사 문화유산을 간직하고
있는 강릉은 우리나라뿐만 아니라 해외에서도 많은 관광객이 찾아온
다. 매년 1월 1일 해돋이 축제를 시작으로 봄이면 경포대 주변에서 경
포대 벚꽃 잔치가 열리고, 6월(음력 5월 5일)에는 유네스코 세계무형유산
으로 선정된 강릉단오제가, 10월에는 대현율곡이이선생제와 강릉커피
축제가 열리고 있다.

- **강릉 선교장 한국전통가구박물관**(강릉시 연곡면 신왕길 52-32): 강릉 선교장에서 300년간 전해 내려오는 소장유물 중 1,000여 점의 전통가구를 수리, 복원하여 전시해 놓은 한국전통가구박물관이다.

- **강릉 오죽헌·박물관**(강원 강릉시 율곡로3139번길 24): 신사임당(申師任堂)과 율곡 이이(栗谷 李珥)가 태어난 오죽헌(烏竹軒)은 율곡 선생의 영정을 모신 사당인 문성사를 비롯해 율곡기념관, 향토민속관, 역사문화관 등 두 분의 유훈을 기리고 전통문화를 계승하기 위한 문화공간이다.

- **강릉 경포대와 경포호**(강원 강릉시 저동): 거울처럼 물이 맑다고 해서 붙여진 경포호(鏡浦湖)에는 경포대(鏡浦臺)를 중심으로 호수 주변에 많은 누정이 있으며, 주변의 소나무숲과 벚나무길이 아름답다. 경포대는 1326년 고려 시대 강원도 안렴사 박숙(朴淑)이 현 위치에서 조금 떨어진 곳에 처음 지은 것을 조선 시대 강릉부사였던 한급(韓汲)이 이곳으로 이전했다. 누정 안에는 숙종의 어제시(御製詩)를 비롯해 많은 시판이 걸려 있다.

- **허균, 허난설헌 유적공원**(강원 강릉시 난설헌로193번길 1-16): 최초의 한글 소설《홍길동전》을 쓴 허균(許筠)과 조선의 여류시인 허난설헌(許蘭雪軒)의 생가지로 알려진 곳으로 두 남매의 사상과 문학적 업적을 기리기 위한 기념관도 마련되어 있다.

강릉 경포대

경포습지생태공원

허균 허난설헌 생가지

논산

명재 고택

소박하고 검소한 고고한 기품이여

| 고고한 선비의 기품이 느껴지는 사랑채

儒林尊道德　　유림은 도덕을 숭상하고
小子亦嘗欽　　소자도 일찍이 흠앙했네.
平生不識面　　평생 한 번 만나보지 못했기에
沒後恨彌深　　사후에 한이 더욱 깊어지네.

— 명재 윤증 선생이 돌아가신 후 숙종이 내린 추모시

소박하고 검소한 고고한 기품이여

17세기 조선의 격동기를 보낸 성리학자, 백의정승(白衣政丞)이라 불리는 명재 윤증(明齋 尹拯, 1629~1714) 선생. 명재 선생은 아버지 파평윤씨(坡平尹氏) 윤선거(尹宣擧, 1610~1669)와 어머니 공주이씨(公州李氏, 1607~1637)의 아들로 태어났다. 어려서부터 학문을 좋아했던 명재 선생은 아버지 윤선거가 동문수학하던 신독재 김집(愼獨齋 金集, 1574~1656), 우암 송시열(尤庵 宋時烈, 1607~1689), 동춘당 송준길(同春堂 宋浚吉, 1606~1672) 등과 자연스레 접촉할 수 있었다. 명재 선생은 김집의 문하에서 주자(朱子)를 배웠고, 28세가 되던 해 김집의 권유로 우암 선생의 문하에 들어가《朱子大全(주자대전)》을 배웠다. 이미 20대 후반부터 명재 선생은 학문과 행실이 뛰어나 조정에 천거되어 수차례 벼슬길에 제수되었지만 모두 사양하고 고결한 선비정신을 실천하면서 평생을 학문과 후학양성에 전념했다. 하지만 나라에 문제가 생기면 상소를 올리는 올곧은 학자이기도 했다. 청빈한 삶을 살았던 명재 선생은 자기 관리뿐만 아니라 집안의 법도에도

| 넓은 대청을 중심으로 양쪽에 익랑채를 연결해 놓은 안채

철두철미해 후손에게 제사나 가례 등에 검소함을 강조하는 유언을 남기기도 했다.

논산 교촌마을 야트막한 이산(尼山) 자락에 자리 잡고 있는 논산 명재 고택(論山 明齋 故宅, 충남 논산시 노성면 노성산성길 50, 국가민속문화재 제190호)은 1709년에 명재 선생의 제자들이 십시일반 힘을 합쳐 스승을 위해 지은 집이다. 하지만 선생은 이 집은 자신에게 너무 과하다며 돌아가실 때까지 살고 있던 집을 떠나지 않았다. 명재 선생의 정기(精氣)를 받아서일까. 고택에서는 검소하면서도 고고한 기품이 느껴진다.

솟을대문도 담장도 없는 집. 집 내부가 멀리서도 훤히 다 보인다. 커다란 방지 연못 뒤의 사랑채를 중심으로 왼쪽에는 문간채, 그 뒤로 안채와 곳간채, 오른쪽 뒷면에 사당이 각기 제자리를 잡고 앉아 있으며 고택 주변으로 초가로 된 행랑채가 제자리를 지키고 있다.

마당 셋

　마당으로 들어서면 가지런한 장대석으로 쌓아 올린 축대 위에 사랑채가 우뚝 서 있다. 정면 4칸, 측면 2칸의 사랑채는 오른쪽에 대청을 두고 가운데에 사랑방이 있고, 그 옆으로 누마루와 중문칸, 작은 사랑방이 연결되어 있다. 감사하게도 방문객에게 사랑채 누마루 오르는 일이 허락된다. 한옥은 집주인의 시각으로 봐야만 그 진면목을 알 수 있는 법, 사랑채 누마루에서 내다보는 풍경은 고택의 정점을 이룬다. 어디를 내다보든 그야말로 한 폭의 풍경화다. 누마루 들창을 올리니 사각 프레임 안으로 멀리 계룡산의 산세부터 교촌리 마을 풍경, 바로 앞 연못의 배롱나무까지 한눈에 다 들어온다.

　사랑채에서 꼭 눈여겨봐야 할 또 하나는 큰사랑방에 있는 문이다. 미닫이와 여닫이의 기능을 갖춘 이 문은 양쪽으로 문을 연 후 바깥으로 살짝만 밀면 여닫이문처럼 활짝 열려 공간을 넓게 쓸 수

논산 명재 고택

| 명재 선생의 제자들이 스승을 위해 지은 집
❶ 한 폭의 그림같은 겨울날의 고택
❷ 백일홍이 핀 여름날의 고택
❸ 다례 체험 행사
❹ 염색 체험 행사

| 최근에 복원을 마친 행랑채

가 있다.

사랑채 서쪽에 있는 문간채를 통해 들어가면 넓은 안마당을 중심으로 'ㄷ'자형으로 자리 잡은 안채가 있다. 정면 5칸, 측면 2칸의 넓은 대청을 중심으로 양쪽에 익랑채를 연결했다. 왼쪽 익랑에는 안방을 가운데 두고 윗방과 부엌을 배치하였고 앞뒤로 툇간을 두고 툇마루를 설치했다. 오른쪽 익랑은 윗방과 건넌방, 부엌을 두고 앞쪽으로 툇마루를 설치해 이동하기 편리하도록 했다. 넓게 앞뒤로 확 트인 대청마루, 후원으로 시원스럽게 난 세 개의 창, 화계단을 만들어 꽃과 나무를 감상할 수 있게 해 놓은 건넌방 앞에 마련된 작은 정원 덕택에 사방이 막혀 있는 안채공간이지만 답답함이 전혀 느껴지지 않는다. 이곳에서도 바깥나들이가 쉽지 않던 여인들을 위한 작은 배려가 엿보인다.

집 앞에 들어서면 고택과 함께 가지런히 줄지어 선 장독대가 인상적이다. 지금 이곳에는 명재 선생의 13대손인 윤완식(尹完植, 1956

마당 셋

ㅣ 명재 선생의 13대손 윤완식 선생

년생) 선생이 살고 있다. 이곳에서 태어난 선생은 상급학교 진학을
위해 상경했다가 1999년 고향 집으로 내려왔다. 처음엔 시골 생활
이 낯설고 힘들어 적응하기까지 4, 5년이 걸렸다고 한다. 선생은
"이 집은 나한테 족쇄여"하며 호탕하게 웃고 있지만 서로 하나가
된 듯 닮아있다.

　겨울 해는 짧다. 벌써 노을이 붉게 물들기 시작한다. 논산이라는
지명도 노을이 아름답게 걸쳐있는 산이라는 뜻에서 유래되었다고
한다. 노을빛을 머금은 집은 또 다른 모습이다. 다시 한 번 돌아보
고 집을 나선다. 가슴이 뭉클하다.

주변 고택

- **논산 백일헌 종택**(충남 논산시 상월면 주곡길 45, 국가민속문화재 제273호)

- **논산 윤황 선생 고택**(충남 논산시 상노성면 장마루로716번길 132 , 시도민속문화재

　제8호)

백일헌 종택

논산 돈암서원

논산 관촉사

주변 명소

금강 주변 넓은 들과 기름진 평야가 펼쳐진 논산은 계백의 혼이 살아있는 충절과 학자를 많이 배출한 예학의 고장이다. 매년 4월 초 전국 최대 생산량을 자랑하는 논산딸기축제가 열리고, 가을에는 상월명품고구마축제(9월경)와 강경발효젓갈축제(10월경)가 열린다.

• **논산 관촉사**(충남 논산시 관촉로1번길 254): 백제와 신라의 전장이었던 황산벌이 내려다보이는 반야산 자락에 자리 잡은 관촉사는 969년(고려 광종 20년)에 거대한 은진미륵불상을 세웠다. 경내에는 이 석조미륵보살입상(보물 제218호)을 비롯해 석등(보물 제232호), 사리탑 등 많은 유물이 있다.

• **논산 돈암서원**(충남 논산시 연산면 임3길 26-14): 사계 김장생(沙溪 金長生)의 학문과 덕행을 추모하기 위해 1634년에 창건된 서원으로, 홍선대원군의 사액 철폐 때에도 보존되었다. 2019년 안동 도산서원 등 8개 서원과 함께 유네스코 세계유산에 등재되었다.

남파 고택

근대문화의 생활양식을 연구하는 귀중한 자료

| 옛모습을 그대로 간직하고 있는 초당

단국 기원 4306년 세차 계축 8월 병신삭 10표일
경술 후손 준삼은 선조 여러 어른 신위 전에 삼가 고하나이다.
오곡이 무르익은 중추절을 맞이하여 여러 선조님의 높은 은덕이 새삼 느껴지며,
추로의 정이 간절합니다.
이에 간소한 제수를 드리오니 강림하시와 흠향 하시옵소서.

— 한글로 한가위 차례에 올린 박준삼 선생의 제문

근대문화의 생활양식을 연구하는 귀중한 자료

전남 나주, 진산인 금성산의 물길이 흐르는 평탄한 곳에 고택이 있다. 대부분의 고택이 시내에서 조금 떨어지고 주변 산세와 어우러진 터에 자리 잡은 데 반해 나주 남파 고택(羅州 南坡 古宅, 전남 나주시 금성길 13, 국가민속문화재 제263호)은 시내에 있다. 남파 고택은 현재 종손인 박경중(朴炅重, 1947년생) 선생의 6대조 박승희가 1884년(고종 21)에 이곳에 초당을 지은 이후로 그 후손들이 대를 이어 살고 있는 밀양박씨(密陽朴氏) 나주 종가이다.

박경중 선생의 조부이신 박준삼(朴準三, 1898~1976) 선생은 독립운동가이자 교육자였다. 21살 때 3·1운동에 참여했다가 옥살이를 했고, 일본에 유학하고 고향으로 돌아와서는 독립운동을 했다. 1945년에는 건국준비위원회 나주지부 위원장을 지냈으며, 1960년에는 돈이 없어 배우지 못하는 아이들을 위해 청운야간중학교를 설립했다. 특히 박준삼 선생이 유년기부터 직접 작성한 메모, 편지, 일기 등 개인 기록물에서부터 일본강점기 때의 잡지, 신문, 교과서

| 매일 쓸고 닦아 반들반들 윤기가 흐르는 마루

등의 다양한 수집기록물을 오늘날까지 잘 보관하고 있어 근대문화
와 생활양식을 연구하는 데 귀중한 자료가 되고 있다.

남파 고택은 1884년에 지은 초당을 시작으로 1910년에 선생의
4대조 남파 박재규(南坡 朴在圭, 1857~1931) 선생이 지은 안채를 비롯
해 1917년에 지은 아래채, 1930년에 지은 사랑채, 1957년에 지은
헛간채 등 총 7동의 건물이 들어서 있다.

대문 앞에 서면, 큰 대문 한쪽 옆으로 또 하나의 문이 있고, 헛간
채가 눈에 들어온다. 헛간채는 안사랑채를 허문 자재를 이용해 지
은 건물이다. 헛간채 맞은편 담장을 사이에 두고 사랑채를 배치하
고 협문을 통해 출입할 수 있게 했다. 헛간채를 지나 안채로 들어
가는 중문을 들어서면 안채가 바로 보이지 않도록 쌓은 내외담이

| 전남에서 민가 중 단일 건물로 가장 규모가 큰 안채

있다. 방문객은 잠시 숨을 고르며 안채 정원으로 눈길을 돌린다. 정성스레 가꿔놓은 정원에는 계절별로 꽃과 나무를 감상할 수 있도록 다양한 수목을 심어 놓았다.

100년 동안 한 번의 개조도 없이 건축 당시의 모습을 그대로 간직하고 있는 안채는 전라남도에 있는 민가 중 단일 건물로는 규모가 제일 크다. 장흥 군수를 지낸 남파 선생이 지은 안채는 장흥군 관아 모습을 참조해서 설계하고 곳곳으로 흩어져 있던 궁궐 목수를 데려와 지어서 일반 전통한옥과는 달리 격식과 위엄이 깃들어 있다. 안채는 정면 7칸, 측면 2칸 규모의 'ㅡ'자형 건물로 좌측부터 각각 4칸 규모의 부엌, 안방, 대청이 있고, 건넌방은 앞뒤로 한 칸씩 배치되어 있다. 부엌 쪽을 제외하고 건물 3면에 낸 널찍한 툇마

| 2인용 3단 도시락
| 생활용품
| 보관 중인 영천이씨 금강산기행문집

마당 셋

| 종부는 지금도 매일 아침 조왕신에게 정화수를 올린다

루는 얼굴이 비칠 정도로 반들반들 윤이 난다. 특히 부엌은 100여
년 전 건물을 지었을 당시의 모습 그대로로, 종부는 지금도 매일
아침 조왕신을 위해 깨끗한 정화수를 올리고 가족의 안녕을 빈다.
4칸 규모의 널찍한 부엌에는 곡식을 저장하던 광과 땔감을 보관하
던 나무청이 별도로 마련되어 있고, 부엌 한쪽에는 음식준비를 위
한 정지마루가 있다. 안방 상부에는 방 크기와 같은 규모의 다락이
있어 집안의 중요한 물건들을 보관했고, 지금도 집안 곳곳에 당시
사용했던 다양한 생활용품이 소중히 남아 있다. 안채 후면으로 돌
아가면 또 하나의 볼거리가 있다. 어른 한 사람이 누워도 될 정도
로 큼직한 돌확이 그것인데, 남파 선생이 안채를 짓고 살기 시작할
무렵 계속해서 집안에 우환이 생기자 집터 기운이 너무 세서 그런
것이라 여겨 그 기운을 누르고자 들여놓았다고 한다.

| 'ㄱ' 자형 사랑채

　안채 정면에 나란히 배치한 사랑채는 두 건물 사이에 담장을 쌓아 각각의 공간으로 분리하고 담장 한쪽으로 낸 협문을 통해 출입할 수 있게 했다. 사랑채는 정면 4칸, 측면 1칸의 'ㄱ'자형 건물로 좌측부터 큰사랑, 대청, 작은사랑으로 배치되어 있다.

　옛 모습을 그대로 간직한 초당은 박경중 선생의 6대조 어른이 이곳에 터를 잡고 처음 지은 집이다. 정면 3칸, 측면 1칸의 'ㅡ'자형 건물로 좌측부터 건넌방, 대청, 안방, 헛간(부엌) 순으로 꾸며져 있다. 안방 뒤쪽으로는 골방이 있으며 앞쪽으로는 건넌방까지 툇마루를 설치했다. 지금도 전기를 놓지 않은 것은 물론이고, 아궁이에 불을 지펴 난방을 한다. 종가의 음식 맛을 지키며 전통을 이어가는 장독대가 초당 오른쪽에 나란히 배치되어 있어 한결 운치가 있다.

마당 셋

| 밀양박씨 나주종가 종손 박경중 선생

　박경중 선생 부부는 60년을 훨씬 넘게 이곳에서 살면서 선조가 물려준 집을 굳건하게 지켜나가고 계신다. 그렇게 하는 것이 숙명인 것처럼. 그래서 마당의 풀 한 포기, 나무 한 그루에도 선생의 손길이 느껴진다.

주변 고택

• 나주 **계은 고택**(전남 나주시 다도면 동력길 18-1, 국가민속문화재 제151호)

• 나주 **우남 고택**(전남 나주시 다도면 풍산내촌길 3-8, 국가민속문화재 제165호)

• 나주 **홍기창 가옥**(전남 나주시 다도면 동력길 20, 시도민속문화재 제9호)

나주 계은 고택

나주 영산포구

 주변 명소

영산강이 휘감아 돌며 드넓은 평야를 이루고 있는 나주는 '천년 고도', '작은 한양'이라 불릴 정도로 오랜 전통과 역사를 지니고 있으며, 곡창 지대에서 생산되는 먹거리가 풍부하고 영산강을 통한 물자교환이 활발해 음식문화도 발달했다.

• 나주 **향교**(전남 나주시 향교길 38): 1398년(태조 7)에 건립되어 현종·숙종 때 중수, 중건되었다. 향교의 건물 배치는 일반적으로 전학후묘(前學後廟)인데 비해, 나주향교는 대성전(보물 제394호) 뒤에 명륜당(明倫堂)을

나주 불회사

나주 향교 대성전

둔 전묘후학(前廟後學)으로 서울 성균관(成均館)의 배치 방식과 같다.

- **나주 불회사**(전남 나주시 다도면 마산리 999): 덕룡산 중턱에 마치 연꽃 속에 들어앉은 모습으로 자리하고 있다. 정확한 창건 연대는 알 수 없으나 1978년 법당 기와 불사 때 발견한 상량문에 의하면 366년 마라난타 스님이 창건하고, 신라의 이인(異人) 희연조사가 656년에 재창하였으며, 1264년경 원진국사가 삼창(三創)했다고 전해진다. 특히 불회사 입구 양쪽에 마주 보고 서 있는 남·여 2기의 석장승(국가민속문화재 제11호)을 비롯해 나주 불회사 대웅전(보물 제1310호), 나주 불회사 건칠비로자나불좌상(보물 제1545호) 등 많은 문화재가 있다.

- **영산포구**(전남 나주시 등대길 80): 삼한 시대부터 조선 시대를 거쳐 일제 강점기에 이르기까지 호남 물류의 중심지 역할을 하며 세곡창이 있을 정도로 번성했던 포구다. 특히 일제강점기에는 나주평야에서 생산되는 곡물의 수탈기지가 되어 일본식 저택과 은행, 정미소, 경찰 분소 등이 들어섰고, 대형화물선이 드나들 정도로 번성했던 항구였다. 그러나 1978년 영산강 하굿둑이 건설되면서 뱃길이 끊어지고 흑산도 홍어마저 공급이 줄어들자 영산포구는 쇠락의 길로 들어서게 되었다.

만산 고택

망국의 늙은 신하 서러움을 달래는가

언제 다시 태양을 볼꼬?

죽음에 당하여 눈물이 턱을 타고 흐른다.

하찮은 신하라서 갚을 길이 없으니

이 사무친 한을 뉘라서 알리요?

— 만산 강용이 운명하기 전 읊은 시

망국의 늙은 신하 서러움을 달래는가

'선비의 고장'이라 불리는 경북 봉화에 조선 후기 문신인 만산 강용(晩山 姜鎔, 1846~1934) 선생이 지은 봉화 만산 고택(奉化 晩山 古宅, 경북 봉화군 춘양면 서동길 21-19, 국가민속문화재 제279호)이 있다. 1878년(고종 15)에 건립된 이 집은 지금까지 5대에 걸쳐 후손들이 실제로 거주하는 생활공간이자, 130년간 그곳에 살았던 많은 사람의 이야기가 집안 곳곳에 살아 숨 쉬는 역사적인 공간이다.

만산 선생은 아버지 강하규(姜夏奎)와 어머니 안동권씨(安東權氏)의 셋째 아들로 태어나 백부인 현파 강한규(玄坡 姜漢奎)와 여서 류치유(櫟棲 柳致遊) 양 문하에서 수학하고 영릉 참봉, 천릉도감 감조관을 거쳐 통정대부에 올라 당상관인 중추원 의관을 지냈다. 그러다 1905년 을사늑약이 체결되자 벼슬을 버리고 낙향하였다. 만산 선생은 이곳에서 자연과 친화하면서 자정(自靖)하시겠다는 뜻으로 호를 만산에서 정와(靖窩)라고 하셨다. 그 후 만산 선생은 집 옆에 태고정(太古亭)을 지어 주위의 바위와 소를 만취암(晩翠岩), 세심소(洗心沼)라 이

| 영친왕 이은이 쓴 현판이 걸린 소박한 서실과 행랑채

름을 붙이고 망미대(望美臺)를 쌓아 망국 노신의 설움을 달랬다.

숫을대문을 들어서면 11칸의 긴 행랑채를 마주하고 사랑채가 고풍스러운 멋을 풍기면서 당당하게 서 있다. 넓은 앞마당에는 정성 들여 가꾼 화초들이 구석구석 자리 잡고 있다. 사랑채에 걸린 '晩山(만산)' 현판은 흥선대원군 이하응(興宣大院君 李昰應)이 작호한 것으로 친히 편액을 내려 보내신 것이라 한다. 아쉽게도 지금은 다른 곳에 보관되어 있어 원본을 볼 수 없지만, 만산 선생과 대원군의 친밀한 관계를 엿볼 수가 있었다.

전형적인 조선 후기 사대부 집의 구조가 잘 나타나 있는 만산 고택에는 사랑채 한쪽에 소박한 서실이, 다른 한쪽에는 담장으로 공간이 완전히 분리된 별당이 있고, 사랑채 뒤로 안채가 앉아 있다. 사랑채는 5칸의 '一'자형 구조로 대청, 사랑방, 마루방, 골방으로 이루어져 있다. 사랑채 마당 한쪽에 있는 서실은 마루 한 칸, 방 한 칸

의 아담한 규모인데 여기에 걸려 있는 현판도 눈여겨볼 만하다. '翰
墨淸緣(한묵청연, 종이나 책은 먹과 깨끗한 연분이 있다)'이라고 적혀 있는 이
현판은 영친왕 이은(英親王 李垠)이 8세에 쓴 것이라 한다. 사랑채 오
른쪽으로 돌아 중문을 통과하면 아담한 안채가 나온다. 작은 마당
을 둘러싼 'ㅁ'자형 안채에는 안방, 상방, 마루방, 광 등이 있다. 안
대청마루 한쪽에는 집안 식구들의 안녕을 비는 성주단지가 있다.
매년 5월 보름이 되면 후손들은 이곳에서 신과 인간의 경계를 허
물고 함께 살아가는 성주신(城主神)에게 정성스러운 음식을 차려 차
사(茶祀)를 지낸다.

다시 사랑채 앞마당으로 나와 담장으로 분리된 접빈객을 위한
공간인 칠류헌(七柳軒)으로 오른다. 활짝 들어 올린 문 너머 기둥을
액자 삼아 아름답게 펼쳐진 풍경은 한 폭의 그림이 되어 돌아온다.
아름드리 춘양목으로 지어진 칠류헌의 기둥, 대청마루와 대들보는

오랜 세월이 흘렀음에도 옛 정취를 그대로 느끼게 한다. 대청마루
에 앉아 보니 과연 소문대로 칠류헌은 만산 고택의 백미라고 할 만
하다. 칠류헌에는 조선 왕조의 국운이 회복되기를 바라는 만산 선
생의 간절한 염원이 깃들어 있고, 구한말의 위창 오세창(葦滄 吳世昌)
선생을 비롯해 이 집안사람들과 교류했던 구한말 쟁쟁한 문사들이
이 집에 머물렀던 흔적들이 곳곳에 남아있다.

　현재 이 고택에는 만산 선생의 4대손인 강백기(姜百基, 1945년생) 선
생 부부가 노모를 모시고 살고 있다. 선생은 집안 곳곳에 야생화로
잘 가꿔진 정원과 도자기들은 종부 류옥영(柳玉英, 1952년생) 여사의
솜씨라고 은근슬쩍 자랑하신다.

　몇 년 전부터 우리의 전통문화를 체험할 수 있는 공간으로 개방
되면서부터 만산 고택에는 많은 손님들이 찾아온다고 한다. 강백
기 선생은 이들과 함께하는 시간이 무엇보다 소중하다며, 다양한

| 만산 강용 선생 4대손 강백기 선생

계층의 사람을 만나고 그들과 함께 세상 돌아가는 이야기를 하다
보면 시간 가는 줄 모른다고 한다. 긴 세월 집과 함께 살아와서인
지 선생의 모습은 집을 닮아 있다.

| 집안 식구들의 안녕을 비는 성주단지

봉화 만산 고택　　　　　　　　　　　　　　　　　　219

봉화 **만산 고택**

 주변 고택

- **봉화 송석헌 고택**(경북 봉화군 봉화읍 선돌안길 10, 국가민속문화재 제249호)
- **봉화 계서당 종택**(경북 봉화군 물야면 계서당길 24, 국가민속문화재 제171호)

백두대간 금강송

봉화 송석헌 고택

주변 명소

봉화는 춘양목이라 불리는 금강송의 집산지이며 청정자연이 살아있는 곳으로 지금도 고즈넉한 고택과 정자가 곳곳에 남아있다. 청송·영양·봉화·영월 4개 군의 옛길을 잇는 '외씨버선길' 일부 구간인 춘양면사무소에서 서벽리 춘양목 체험관까지의 길이 금강소나무 숲 탐방로와도 연결되어 있다.

- 국립백두대간수목원(경북 봉화군 춘양면 서벽리 산133-4): 우리나라 핵심 생태축인 백두대간의 자생식물과 고산식물을 수집·전시 및 연구하고 국민에게 즐거움과 행복을 제공하기 위해 조성된 아시아 최대 규모의 수목원이다. 이곳에서는 보전 가치가 높은 식물자원과 전시원, 백두대간의 상징 동물인 백두산 호랑이, 세계 최초의 야생 식물종자 영구 저장시설인 시드볼트를 보유하고 있다.
- 태백산 사고지(경북 봉화군 춘양면 석현리 산 126-5): 조선 후기 나라의 역사 기록과 중요한 서적이나 문서를 보관한 국가의 서적고인 태백산 사고지(사적 제348호)는 태백산맥의 지맥인 각화산 정상부 가까운 곳에 있는 각화사의 뒤편에 있다.

하회마을 화경당 고택

도란도란 이야기꽃이 피어나는 곳

사랑채 화경당과 별당채 북촌유거

도란도란 이야기꽃이 피어나는 곳

숱한 세월을 거치면서도 지금까지 굳건하게 역사를 품고 있는 안동 하회마을. 과거와 현재가 고스란히 담겨 있는 그곳으로 여행을 떠난다. 2010년 세계문화유산에 등재된 경주 양동마을(慶州 良洞마을)과 함께 안동 하회마을(安東 河回마을, 경북 안동시 풍천면 하회리, 국가민속문화재 제122호)은 가장 한국적인 문화가 살아 숨 쉬는 곳으로 세계적인 관심을 받는 곳이다. 하회마을은 풍산류씨(豊山柳氏)가 600여 년간 대대로 살아온 혈연마을로 기와집과 초가가 오랜 역사 속에서도 잘 보존되어 지금도 그 숨결이 계속 흐르는 듯하다.

안동 시내를 벗어나 하회마을로 들어서면 부모가 사는 고향 같은 정취가 느껴지고 어릴 적 뛰놀던 추억이 어린 듯 우리 조상의 삶이 구석구석 묻어난다. 마치 과거로의 여행처럼 마음부터 설렌다. 구불구불한 골목길을 따라 초가와 기와집이 서로 조화를 이루면서 사이좋게 들어선 모습이 참 보기 좋다. 토담 너머 정겹게 서 있는 초가에서는 금방이라도 외할머니가 문을 열고 반갑게 맞아줄

| 집안의 가장 큰어른인 할아버께서 거처하던 별당채

것만 같다.

200여 년이 지난 지금도 흐트러짐 없이 북촌을 지키며 옛 모습 그대로 온전하게 자리 잡은 안동 하회마을 화경당 고택(安東 河回마을 和敬堂 古宅, 경북 안동시 풍천면 하회북촌길 7, 국가민속문화재 제84호)은 정조·순조 대에 예조·호조 참판을 역임한 학서 류이좌(鶴棲 柳台佐, 1763~1794)의 선고(先考) 지중추부사 류사춘(柳師春) 공이 1797년(정조 21)에 처음으로 작은사랑과 좌우익랑을 건립한 뒤, 1862년(철종 13)에 류사춘의 증손 석호 류도성(石湖 柳道性)이 안채, 큰사랑, 대문간, 사당을 건립해 지금의 모습을 갖추게 되었다. 고풍 당당하게 서 있는 기와집에 온전히 녹아 있는 조선 시대 반가의 위엄은 수백 년 세월이 지나도 누그러질 줄 모른다.

아름답고 예스러운 멋이 살아 있는 집, 북촌댁 솟을대문을 두드

| 북촌유거 누마루에 오르면 하회마을 풍광이 한눈에 들어온다

린다. '北村幽居(북촌유거)'란 현판이 걸린 별당채는 가장 웃어른인 할 아버지께서 거처하던 사랑으로, 외빈 접객용으로도 사용하는 곳이 다. 누마루에 앉아 보니 하회마을의 풍광이 한눈에 들어온다. 앞마 당에 정원을 만들지 않고 이렇게 누마루에 앉아서 자연 그대로의 경치를 감상할 수 있게 건물을 지은 우리 선조의 지혜에 다시 한 번 감탄하는 순간이다. 별당채는 왼쪽부터 부엌, 온돌방, 대청을 앉 히고, 맨 오른쪽에 누마루를 두었다. 별당채 뒤에는 마을을 감싸고 흐르는 낙동강을 닮은 소나무가 300년의 세월을 간직하고 의연하 게 서 있다.

화경당(和敬堂). 이 집의 당호이기도 한 사랑채는 경제권을 가진 바깥주인이 기거하던 곳으로 중문 쪽에서부터 사랑방, 대청을 앉 히고 그 앞으로 툇마루를 두었다. 대청과 사랑방 사이에는 4분합

| 안채 대청에서 내다본 안마당 전경 (사진제공=문화재청)

들문을 달아 필요에 따라 완전히 개방할 수 있도록 했다. 중문 왼쪽으로는 작은사랑인 수신와(須愼窩)와 중문 쪽에서부터 작은사랑과 대청을 두고 그 앞으로 툇마루를 두었다. 수신와는 손자가 기거하는 작은사랑으로, 어린 손자가 안채의 어머니가 보고 싶을 때 바로 드나들 수 있도록 작은 문을 달아 놓았다.

안채는 높은 축대 위에 지었으며 기둥도 매우 높이 올렸다. 안대청을 중심으로 왼쪽에 부엌과 안방, 오른쪽에 며느리가 거처하는 건넌방, 그 앞에는 안주인에게 살림을 물려준 노모가 거처하는 툇마루와 연결된 방이 있으며, 대갓집 규모에 걸맞게 널찍한 부엌이 아랫방과 연결되어 있다.

화경당 고택에는 30년간 서울 생활을 하나다가 지난 2006년 고향 집으로 내려온 류세호(柳世浩, 1952년생) 선생이 찾아오는 방문객을 맞으며 바쁜 시간을 보내고 있다. 건물 하나하나가 선생의 손끝이 닿아서인지 선생과 많이 닮았다. 선생은 한국적인 것이 세계적

| 하회마을을 감싸고 흐르는 낙동강을 닮은 하회송

이라는 생각으로 이곳을 찾아오는 사람들에게 한국 고유의 전통
문화를 많이 전해 주고 싶단다. 군불 땔 온돌방 아랫목에 둘러앉아
도란도란 이야기꽃을 피우던 우리의 좌식문화와 '뒷간과 사돈집은
멀수록 좋다'라는 속담이 있을 만큼 집의 본채와 멀리 떨어져 지었
던 우리 화장실 문화를 알려주고 싶어 한다.

　하회마을은 영국 엘리자베스 여왕이 다녀갔고, 세계문화유산에
등재되면서 국내외적으로 더욱 알려졌다. 외지인이 많이 찾아오면
서 마을에는 기념품 가게나 식당 같은 곳이 우후죽순 생겨나고, 그
렇게 상업적으로 변한 모습들이 눈에 많이 거슬리긴 하지만 그나
마 옛 모습을 그대로 간직하려고 노력하는 모습이 엿보여 다행이
다 싶다. 그래도 아직 이곳엔 우리 전통문화의 향기가 면면히 흐르
고 있었다.

안동 **하회마을 화경당 고택**

 주변 고택

- **안동 하회 양진당**(경북 안동시 풍천면 하회종가길 68, 보물 제306호)

- **안동 하회 충효당**(안동시 풍천면 하회종가길 69, 보물 제414호)

- **안동 하회마을 작천 고택**(안동시 풍천면 하회종가길 76, 국가민속문화재 제87호)

- **안동 하회마을 염행당 고택**(안동시 풍천면 하회남촌길 60-5, 〃 제90호)

안동 하회마을 부용대

안동 하회마을

하회 충효당

주변명소

• **안동 병산서원**(경북 안동시 풍천면 병산리 30): 우리나라 유교건축물의 백미 라 불리는 병산서원은 서애 류성룡의 학문과 업적을 기리기 위해 세 운 것으로, 만대루를 비롯해 입교당, 존덕사, 장판각 등이 있고 서원 밖에 있는 달팽이 뒷간도 눈여겨 볼만하다.

• **하회세계탈박물관**: 1995년에 문을 연 하회세계탈박물관은 안동 하회 마을에서 전승되어 오는 하회별신굿 탈놀이에 사용되는 탈뿐만이 아 니라 국내외 여러 가지 탈을 수집 전시해 놓았다.

안동 병산서원

탈박물관

청송

송소 고택

재미있는 '헛담'과 '구멍담' 이야기

| 나란히 배치한 큰사랑채와 작은 사랑채

松栢鬱乎蒼蒼烟霞

　　소나무 잣나무 울울창창하고 연기와 노을이 어슴프레 덮혀 있어

其靄靄淸幽一洞依然仙境者乃靑松也

　　맑고 그윽한 고을이 신선 세계 그대로이니 이곳이 바로 청송이구나

　　　　　— 관찰사로 부임한 홍여방(洪汝方)이 지은 찬경루기(讚慶樓記)

재미있는 '헛담'과 '구멍담'이야기

온통산으로 겹겹이 싸여 있는 청송을 방문하기 위해 여러 경로로 머리를 짜내 보지만, 그저 시간 낭비일 뿐. 내비게이션의 길 안내를 믿고 가는 것만이 최선이다. 멀고도 험한 곳, 그래서인지 청송은 청정 자연과 함께 우리 전통문화가 곳곳에 그대로 살아 숨 쉬고 있다. 2011년 대한민국 관광 분야의 최고상인 '한국 관광의 별'로 선정된 청송 송소 고택(靑松 松韶 古宅, 경북 청송군 파천면 송소고택길 15-2, 국가민속문화재 제250호)을 찾아간다.

이 고택은 조선 영조 때 만석꾼인 청송심씨(靑松沈氏) 심처대(深處大)의 7대 종손인 송소 심호택(松韶 沈琥澤) 선생이 호박골에서 조상의 본거지인 덕천동으로 옮기면서 지었다고 한다. 1880년경에 지어진 이 집은 조선 후기 상류층 주택의 전형적인 모습을 잘 보여주고 있다. 99칸 '청송 심부잣집'으로 더 많이 알려진 송소 고택은 솟을대문이 있는 대문채 앞 넓은 앞마당을 바라보며 집안의 큰 어른이 기거하던 큰 사랑채와 큰아들이 기거하던 작은 사랑채가 나란

I 넓은 안마당이 있는 안채

히 자리하고 있다. 팔작지붕의 큰 사랑채는 정면 5칸, 측면 2칸의 '一' 자형 건물로, 넓은 대청을 사이에 두고 책방, 사랑방이 있다. 작은 사랑채는 정면 5칸, 측면 1칸의 맞배지붕 건물로, 대문간, 도장, 사랑방, 대청이 있다. 넓은 안마당이 있는 안채는 사랑채 뒤에 'ㄷ' 자형으로 자리를 잡았는데, 정면 6칸, 측면 3칸의 팔작지붕 건물로 대청을 사이에 두고 왼쪽에는 안사랑과 상방이, 오른쪽에는 안방과 부엌이 있다. 높게 앉은 누마루가 눈에 들어오는 별당은 정면 4칸, 측면 2칸인 건물로 단출하게 온돌방과 대청으로 구성됐다. 그 외 사당이 있으며, 넓은 대지 위에 건물들이 모두 시원스럽게 서 있다.

송소 고택에는 이곳을 찾는 사람들에게 재미를 더해주는 것이 하나 있다. 그것은 바로 '헛담'과 '구멍담'이다. 담은 공간을 구분하

| 안채로 드나드는 여자들을 사랑채에서 볼 수 없게 만든 내외담

는 가장 기본적인 기능을 한다. 하지만 그 기능을 조금만 더 자세히 들여다보면 담에는 우리가 생각지 못했던 우리 문화의 멋이 숨겨져 있음을 알게 된다. 홍살이 설치된 솟을대문을 들어서면 어느 방향으로 가야 할까 잠시 망설이게 하는 헛담이 가장 먼저 눈에 들어온다. 내외가 엄격하던 시절, 안채로 드나드는 여자들의 모습이 사랑채에서는 눈에 띄지 않게 한 담이다. 자연스레 여자들은 오른쪽으로 돌아 안채로 들어가게 되고 남자들은 왼쪽으로 들어가 사랑채로 향하게 되어 있다. 구멍담은 안채 뒤를 돌아 여자들이 머물던 안사랑 쪽에 가면 볼 수 있다. 담장 안쪽에는 분명 3개의 구멍이 나 있는데 사랑채 쪽 바깥에서 보면 구멍이 6개다. 사랑채에 손님이 몇 분이나 오셨는지 볼 수도 있고, 바깥출입이 자유롭지 못하던 여자들이 밖을 내다볼 수 있는 통로 역할을 하기도 한다. 이렇게

| 청송 송소 고택 구멍담 바깥쪽(좌)과 안쪽(우)

우리 한옥에는 선조의 지혜와 배려, 여유가 곳곳에 묻어 있다.

　가을날 짙푸른 하늘 아래 선 고택은 한층 더 선명하게 다가온다. 일제강점기까지만 해도 2만 석 농사를 지었다는 집. 주인 없는 사랑채 대청마루에 올라 사람들로 북적였을 그때 그 시절을 상상해 본다. 비록 주인은 아니지만, 다시 한 번 그런 영화가 와 주길 기다리는 심정으로. 기둥을 액자 삼아 마을 풍경이 한 폭의 그림처럼 다가선다. 자연 그대로의 모습으로 다가온 풍경은 낯선 곳을 찾아온 이의 마음을 편안하게 만들어 준다. 먼 길 마다치 않고 여기까지 찾아오는 이의 마음을 알 것도 같다. 이런 고택에서 고즈넉한 하룻밤을 보내며 도시 생활에서 지친 몸과 마음을 위로받고 싶은 것이리라.

　청송심씨 11대 종손 심재오(沈載五, 1955년생) 선생 부부가 나란히

| 청송심씨 11대 종손 심재오 선생 부부

들어오더니 헛담을 사이에 두고 심재오 선생은 사랑채로, 부인 최
윤희(崔允姬, 1958년생) 여사는 안채로 들어간다. 50년 넘게 서울 생활
을 정리하고 2010년 10월 이곳으로 내려온 선생은 종가를 보호
하고 후손에게 넘겨줘야 한다는 책임감이 앞서 발걸음이 매우 무
거웠다고 한다. 선생은 옛날 부잣집에서는 찾아오는 풍류객들에
게 숙식을 제공하는 것은 물론 돌아갈 때는 노잣돈까지 챙겨준 선
조의 아름다운 덕까지 베풀지는 못하더라도 집안의 얼굴인 고택을
잘 보존·관리하여 찾아오는 체험객들이 마음 편히 쉬다 갈 수 있
게끔 최대한의 편의를 제공하겠다고 덧붙이신다. 황금빛으로 변해
가는 들녘. 손에 잡힐 듯 가까이에서 빨갛게 익어가는 사과. 부자가
된 듯 방문객의 마음조차 넉넉해진다.

청송 **송소 고택**

 주변 고택

- **청송 평산신씨 판사공파 종택과 분가 고택**(경북 청송군 파천면 중들2길 16, 국가 민속문화재 제282호)
- **청운동 성천댁**(경북 청송군 청송읍 서당길 12, 국가민속문화재 제172호)
- **창양동 후송당 고택**(경북 청송군 현동면 청송로 2587-13, 국가민속문화재 제173 호)
- **청송군 파천면 덕천리 덕천마을**은 전통 테마 마을로 송정 고택, 찰방공 종택, 창실 고택, 초전댁에서 전통문화를 느끼며 고택체험도 할 수 있고, 천연염색체험, 한지체험. 사과농장체험 등도 가능하다.

청송 청운동 성천댁

청송 주왕산 대전사

청송 신선계곡 백석탄

청송 주산지

청송 주왕산 달기약수

주변 명소

청송은 해발 250m 산간지대에 자리하고 있어 평균 일교차가 12℃ 이상이고, 일조량이 풍부해 사과의 주산지이다. 매년 10월 말 청송사과축제가 열린다.

- **청송 주왕산과 대전사**(경북 청송군 부동면 공원길 226): 주왕산의 상징인 기암을 배경으로 멋진 조화를 이루고 있는 천년 고찰 대전사(大典寺)는 신라 문무왕 12년(672) 의상대사가 창건하였다고 전해진다. 대전사 경내에는 국가지정 보물 1570호로 지정된 보광전이 있다.

- **주산지**(경북 청송군 주왕산면 주산지리 73): 1720년 축조한 농업용 인공저수지. 김기덕 감독의 영화 〈봄 여름 가을 겨울 그리고 봄〉의 촬영지로 유명해졌다.

- **신성계곡**(경북 청송군 안덕면 신성리 656): 청송군 안덕면 낙동강 상류 지역에 있는 신성계곡은 청송 8경 중 제1경으로 손꼽힐 만큼 아름다운 계곡이다. 인적이 드문 한적한 곳에 자연이 빚어낸 새하얀 암반인 백석탄(白石灘, 지질학적으로는 포트홀pot hole)은 오랜 세월에 깎이고 물살에 다듬어진 기기묘묘한 모습으로 약 7,000만 년 전 용암이 빠르게 흐르다 굳어진 것이라 한다.

해남윤씨 녹우당

바람이 불면 은행잎이 비처럼 떨어지고

| 500년 된 은행나무와 조화를 이루고 있는 녹우당

구즌비 머저가고 시냇물이 맑아온다
　　　굳은 비 점차 멈춰가고 시냇물이 맑아 온다
배떠라 배떠라
　　　배 띄워라, 배 띄워라
낫대를 두러 메니 기픈 興을 禁못 할돠
　　　낚시대를 둘러메고 깊은 흥이 절로난다
至국悤 至국悤 於思臥
　　　찌그덩 찌그덩 어여차
煙江疊嶂은 뉘 라셔 그려 냇고
　　　산수의 경개를 그 누가 그려 냇고

　　　　　　　　　　　　　　— 고산 윤선도 〈어부사시사〉 하사1

바람이 불면 은행잎이 비처럼 떨어지고

　우리나라 시조 문학의 최고 대가인 고산 윤선도(孤山 尹善道, 1587~ 1671). 서울 연지동에서 아버지 해남윤씨(海南尹氏) 윤유심(尹唯深)과 어머니 순흥안씨(順興安氏)의 2남으로 태어나 8세가 되던 해에 큰 아버지 윤유기(尹唯幾)의 양자로 입양되어 해남윤씨 대종가를 잇는 다. 천성적으로 곧은 성격의 고산 선생은 부당함을 보면 참지 못하 고 자기주장을 끝까지 펼쳐 일생 평탄한 삶을 살지 못했다. 30세 (광해군 8)가 되던 해 성균관 유생의 신분으로 집권파인 북인의 횡포 를 상소한 상소문은 임금에게 전해지지도 못한 채 6년간 유배 생 활을 하게 했고, 1623년 인조반정(仁祖反正)으로 유배에서 풀려난다. 42세(인조 6년) 때 별시초시에 장원급제하며 출사의 꿈을 펼치게 된 고산 선생은 5년간 훗날 효종 임금이 되는 봉림대군과 인평대군의 사부(師傅)와 요직을 두루 걸치며 정치적 경륜을 쌓았다. 1636년(인 조 14) 병자호란(丙子胡亂)이 일어나자 고산 선생은 향리 자제와 가솔 등 수백 명의 의병을 이끌고 배편으로 강화도로 향한다. 이미 왕자

| 고산이 은거지로 삼았던 보길도 세연정

들은 청나라의 볼모로 잡혀가고 인조는 삼전도에서 치욕적인 화의를 맺었다는 소식을 듣자 고산 선생은 세상을 개탄하며 평생 초야에 묻혀 살 것을 결심하고 뱃머리를 제주도로 돌린다.

하지만 도중에 풍랑을 만나 보길도에 닿았다가 아름다운 자연경관에 반해 은거지로 정한다. 고산은 이곳을 '부용동'이라 이름을 짓고 자연에 묻혀 살면서 '어부사시사' '오우가' 등 수많은 시조를 지어냈다. 72세가 되던 해 고산은 왕의 특명으로 공조참의를 제수 받았지만, 서인들의 탄핵으로 결국 삭직되었다. 효종은 사부인 고산이 멀리 해남에 있으면 왕의 과실을 충고하기 어렵다 하여 화성(수원)에 집을 지어 그곳에 살도록 했다. 왕이 승하하자 인조계비(장렬왕후)의 복제문제로 남인과 서인이 대립하여 또다시 고산은 81세에 유배에서 풀릴 때까지 7년 동안 세 번째 유배 생활을 했다. 유배에서 풀려난 고산은 그가 그토록 좋아했던 보길도 부용동에서 유배

| 사랑채에 걸린 녹우당 현판

와 은둔생활을 거듭했던 굴곡 많은 삶을 마감했다.

해남 덕음산 자락에 자리 잡은 해남윤씨 녹우당(海南尹氏 綠雨堂, 전남 해남군 해남읍 녹우당길 135, 사적 제167호)은 우리나라 최고 명당 중 하나이다. 고산의 4대조 어초은 윤효정(漁樵隱 尹孝貞, 1476~1543)은 강진 덕진동에서 해남 백련동(지금의 연동마을)에 터를 잡고 해남윤씨 어초은공파의 시조가 되어 해남윤씨가 해남지역에 명문 사족으로 자리 잡을 수 있는 큰 기틀을 마련했다.

해남 시내에서 약 5km 정도 떨어진 연동마을에 들어서면 백련을 심어놓은 연못과 소나무숲이 먼저 눈에 들어온다. 집을 지을 당시 함께 만든 연못은 연못을 파고 나온 흙으로 동산을 '마음 심(心)' 형태로 조성할 만큼 윤효정은 성리학적 이상향을 추구했다. 저택이라 고택까지는 좀 걸어 올라야 한다. 그래도 주변 풍경을 감상하다 보면 금방 도착한다. 뒷산의 사계절 푸르름을 간직한 비자림(천

| 솟을대문을 들어서면 정원 안쪽에 사랑채가 있다

연기념물 제241호)과 대문 앞에는 수령이 500년 된 은행나무가 그 이름을 대변해주고 있다. '녹우당(綠雨堂)'이란 당호는 '은행나무 잎이 바람이 불면 비처럼 떨어지는 모습' 또는 '집 뒤 대나무와 비자나무 숲에서 부는 바람'에서 연유했다고 한다. 인공으로 조성된 비자나무숲은 윤효정이 "뒷산의 바위가 보이면 이 마을이 가난해진다"라고 유훈을 남겨 후손이 나무를 심어 수령이 300년 된 비자나무 400여 그루가 숲을 이루고 있다.

이름처럼 시정이 녹아 흐르는 고택, 녹우당의 솟을대문 앞에 선다. 솟을대문이 있는 행랑채는 'ㄱ'자 형으로 가운데 솟을대문을 두고 방과 곳간, 마구간, 부엌 등이 적절하게 배치되어 있다. 정원이 잘 꾸며진 사랑마당 안쪽으로 사랑채가 높게 자리하고 있다.

사랑채는 효종이 고산에게 하사한 수원 집을 고산이 82세가 되

| 겹처마 양식의 차양을 달아낸 사랑채

던 해에 해남까지 뱃길로 옮겨와 다시 지었다. 사랑채는 'ㅡ'자형 건물로 전면과 측면에 퇴를 둔 4칸 집으로, 좌측에 사랑방을 우측에 대청을 배치했다. 그리고 앞쪽으로는 다른 고택에서는 보기 드문 겹처마 양식의 차양(遮陽)을 달아냈으며, 좌측으로 한 단 낮게 2칸이 분리되어있는 건물이 배치되어 있다.

안채는 500년 전 윤효정이 지은 당시의 건물로, 사랑채 뒤로 자연을 즐길 수 있는 정원이 있는 안마당을 사이에 두고 'ㄷ'자형으로 배치되어 있다. 중앙에 3칸 대청과 그 뒤편으로 마루방이 있고 그 옆으로 작은 온돌방이 2칸이 있으며, 끝으로 큰 부엌이 붙어 있다. 특히 안채 큰 부엌과 건넌방 부엌 상부에 설치되어있는 솟을지붕은 환기용 구조물로, 우리 고택에서는 흔치 않다. 사당은 3곳으로, 안채 대나무 숲 뒤로 4대조를 모시는 가묘와 고택 뒤로 숲길로 오

| 고산과 해남윤씨 가의 자료를 전시하고 있는 고산윤선도유물전시관

르는 길에 어초은 사당과 고산 사당이 있다.

 또 하나의 볼거리, 지난 2010년에 개관한 '고산윤선도유물전시관'에는 국보 제240호인 공재 윤두서의 자화상과 보물 10점 등을 비롯해 고산 윤선도와 해남윤씨 가에서 남긴 문집과 글씨, 그림 등 4,600여 점의 자료들이 전시되어 있다. 고산을 좀 더 자세히 이해하려면 오르는 길이든 내려오는 길이든 꼭 들러봐야 하는 곳이다.

 현재 해남 녹우당에는 고산의 14대손 윤형식(尹亨植, 1934년생) 선생 부부가 살고 있다. 선생은 이곳에서 태어나 서울에서 학업을 마치고 외지생활을 하다가 45세에 고향 집으로 들어왔다. 선생은 먼저 선생의 5대조까지의 산소부터 관리하고, 선조가 남긴 사료와 고문서들을 전문가에게 맡겨 정리하고 번역해 책으로 발간하고, 자

| 고산의 14대손 윤형식 선생

료들을 디지털화하기 시작했다. 선생은 지금도 녹우당을 찾아오는 손님들에게 하루에도 몇 번씩 소홀함 없이 봉사하느라 여념이 없다. 아직도 해야 할 일이 너무도 많아 매일 운동으로 건강관리를 하고 즐겁게 하루하루를 맞는다. 연로해서 고택 생활이 불편해 보이지만 그래도 활기차게 생활하는 선생의 모습이 근사하다. 집을 사랑하고, 종손으로서 묵묵히 소임을 다하는 선생이 계셔서 녹우당이 더욱 정겨운가 보다.

해남 **해남윤씨 녹우당**

 주변 고택

• **해남 윤철하 고택**(전남 해남군 현산면 초호길 43, 국가민속문화재 제153호)

• **해남 공재 고택**(전남 해남군 현산면 백포길 122, 국가민속문화재 제232호)

• **해남 정명식 가옥**(전남 해남군 황산면 우항길 127-1, 시도민속문화재 제8호)

해남 공재 고택

해남 윤철하 고택

 주변 명소

우리나라 남쪽 땅끝, 해남은 이순신 장군의 명량대첩지로 매년 가을 우수영 관광지에서 명량대첩제가 열리고, 새 시작을 다짐하는 땅끝해넘이해맞이축제가 매년 12월 31일~1월 1일에 열린다. 특히 땅끝 갈두항 기암괴석 사이로 해돋이가 장관을 연출한다.

해남 대흥사 대웅전   해남 땅끝탑   해남 두륜산 케이블카

- **대흥사**(전남 해남군 삼산면 대흥사길 400): 두륜산에 자리한 대한불교조계
  종 제22교구 본사로 746년 신라 진흥왕 때 아도화상이 창건했다고
  전해진다. 대웅전을 비롯해 많은 건물과 마애여래좌상(국보 제308호)이
  있다.

- **미황사**(전남 해남 송지면 미황사길 164): 달마산에 자리한 대한불교조계종
  제22교구 본사인 대흥사의 말사로 749년 신라 진흥왕 때 의조화상
  이 건립했다고 전해지는 천년고찰이다. 대웅전(보물 제947호)을 비롯해
  많은 건물이 자리 잡고 있다. 특히 이곳에서의 석양이 장관을 이룬다.

- **두륜산 케이블카**(전남 해남군 삼산면 대흥사길 88-45): 대흥사에서 800m 정
  도 오르면 해남의 넓은 들과 산, 멀리 남해안을 한눈에 내려다볼 수
  있는 두륜산 고계봉 정상까지 오르는 케이블카가 있다.

- **해남 땅끝전망대**(전남 해남군 송지면 땅끝마을길 60-28): 서울에서 천리, 해남
  땅끝전망대는 모노레일을 이용해 갈두산 사자봉까지 쉽게 오를 수
  있다. 전망대에 서해안으로 내려가는 나무테크가 놓여있어 땅끝탑까
  지 갈 수도 있다. 이곳 갈두항에서 노화도 보길도를 오가는 여객선이
  있다.

사운 고택

낮잠 즐기기 참 좋은 곳

▌꽃비가 내리는 정자라는 의미를 지닌 사랑채 우화정

낮잠 즐기기 참 좋은 곳

충청남도 홍성, 청양, 예산 3개 군의 경계에 자리 잡은 홍성 사운 고택(洪城 士雲 古宅, 충남 홍성군 장곡면 홍남동로 989-22, 국가민속문화재 제198호)은 '구름 같은 선비'라는 뜻의 사운(士雲)과 '꽃비가 내리는 정자'라는 뜻의 우화정(雨花亭)이라는 이름을 동시에 가진 곳으로, 양주조씨(楊州趙氏) 충정공파의 종가이다.

조선 제16대 인조(仁祖)의 계비(繼妃)인 장렬왕후(莊烈王后, 1624~1688)를 배출한 집안이다. 장렬왕후는 한원부원군(漢原府院君) 조창원(趙昌遠)의 딸로, 인조의 정비인 인열왕후(人烈王后, 1594~1635)의 뒤를 이어 인조의 계비로 책봉되었으나 슬하에 아들을 두지 못했다. 1649년 인조가 승하하고 효종이 즉위하자 대비(大妃)가 되어 자의(慈懿)라는 존호를 받는다. 이후 법적인 아들 효종(孝宗)과 효종비 인선왕후(仁宣王后)가 승하하자 대왕대비가 되고, 그가 입어야 할 상복(喪服) 문제를 두고 일으킨 서인과 남인 간 정쟁의 소용돌이 한가운데에 서 있어야 했던 인물로, 인조·효종·현종·숙종 4대에 걸쳐 왕

| 솟을대문, 고택 뒤로는 소나무숲길이 조성되어 있다

실의 어른으로 지낸 분이다.

  홍성 장곡면 산성마을에는 입향조 조태벽(趙泰璧)이 병자호란(丙子
胡亂) 때 낙향해 터를 잡았다. 선비의 유유자적함이 깃든 사운 고택
은 19세기경에 지어진 것으로 추정되며 조선 후기 건축양식을 잘
간직하고 있다. 12대째 내려오는 이 고택에는 종손인 조환웅(趙煥雄,
1952년생) 선생 부부가 살고 있다.

  솟을대문에 들어서면 넓은 사랑마당 너머 사랑채가 손님을 반긴
다. '雨花亭(우화정)'이라는 현판이 걸린 사랑채 벽에 '天下太平(천하태
평)' 네 글자와 사괘(四卦) 문양에 눈길이 먼저 간다. 화방벽으로 쌓
은 사랑채 누마루 하부 공간 외벽 정면에 기와 조각으로 문양을 새
겨 넣은 것이다.

마당 셋

| 보현당이라는 현판이 걸린 안채

　사랑채는 정면 5칸 반, 측면 1칸 반 규모로, 작은사랑, 대청, 큰사
랑, 누마루가 있다. 누마루에 올라 담장 너머로 눈길을 주니 주변
풍광이 마치 한 폭의 풍경화처럼 펼쳐진다. 누마루 정면에는 '睡樓
(수루)'라는 현판이 걸려 있다. 한여름 날, 3면으로 개방되는 문을 활
짝 열어젖혀 놓고선 오수(午睡·낮잠)를 즐기기에 그만인 이 누마루
에 참 걸맞은 이름이구나 싶다.

　안채는 사랑채 뒤에 나란히 'ㄱ'자형으로 자리 잡고 있다. 안채
앞마당은 다른 고택들과 달리 넓고 시원한 느낌이 든다. 정면 6칸,
측면 4칸 반으로, 대청을 중심으로 좌측에는 안방과 부엌, 우측에
는 건넌방과 작은 부엌을 배치하였다. 안채에도 '寶賢堂(보현당)'이라
고 쓴 현판이 걸려 있다. 이 현판은 한국 전쟁 당시 이 집이 북한 인

| 사랑채 화방벽에 와편으로 새겨넣은 천하태평 글씨와 사괘 문양이 이채롭다

| 맏종부가 노후를 보내던 안사랑채와 도서관(초가)

민군 사령부로 쓰일 때조차도 어려운 이를 돌보고 마을 사람에게 곡식을 나누어 주던 조모의 뜻을 기리기 위해 조환웅 선생이 제작해 걸었다고 한다.

안채와 사랑채 우측 넓은 터에는 안사랑채인 별당이 있다. 정면 4칸, 측면 2칸인 안사랑채는 대청, 안사랑, 부엌으로 구성되어 있으며, 옛날에는 살림을 물려준 맏종부가 노후를 보내던 곳으로 주로 접객 장소로 사용했다.

솟을대문을 둔 행랑채는 정면 6칸 반, 측면 1칸의 '一'자형 건물로, 광, 헛간, 대문, 부엌이 달린 방으로 구성되어 있다. 집 앞에는 연못을 만들고 주위에 버드나무를 심어놓았으며, 원래 그곳에는 청한루(靑閑樓)라는 정자도 있었다고 한다.

고택 뒤편 학성산에는 주류성터가 있는데, 이 주류성은 백제가

| 양주조씨 충정공파 종손
조환웅 선생

멸망 후 부흥 전쟁을 일으켰던 곳이다. 고택을 아늑하게 감싸고 있는 소나무 숲길은 성터 길목에 세워져 있는 정자까지 이어져 있어 산책을 즐길 수도 있다.

사운 고택은 한옥 체험 공간으로 개방되면서 많은 사람이 찾아오고 있다. 한옥에서 보낸 하룻밤은 삭막한 도시에서 사는 사람들에게는 몸과 마음을 정화하고, 여유로움을 만끽할 수 있는 최고의 시간일 터. 세월이 흐르고 시대는 변했지만, 한옥은 여전히 고향 같은 편안한 휴식처다.

홍성 **사운 고택**

 주변 고택

- **홍성 노은리 고택**(충남 홍성군 홍북면 최영장군길 11-26, 국가민속문화재 제231호)
- **김우열 가옥**(충남 홍성군 갈산면 갈산로 71, 시도민속자료 제10호)
- **김좌진 장군 생가지**(충남 홍성군 갈산면 백야로546번길 12, 시도기념물 제76호)
- **한용운 선생 생가지**(충남 홍성군 결성면 만해로318번길 83 , 시도기념물 제75호)

홍성 노은리 고택   간월암

주변 명소

충남 홍성은 한우가 유명하고, 새우젓의 고장 광천이 있다. 매년 9~10월이면 남당리 대하축제를 비롯해 광천토굴새우젓 재래맛김축제가 열린다.

- **간월암** (충남 서산시 부석면 간월도1길 119-29): 조선 태조 이성계의 왕사였던 무학대사가 창건한 간월암은 무학이 이곳에서 달을 보고 깨달음을 얻었다고 해서 간월암이라 한다. 이 암자는 바닷물이 들어오면 섬이 되고, 물이 빠지면 길이 열리는 곳으로 아름다운 낙조를 보기 위해 많은 사람이 찾는다.

- **천수만, 남당항, 궁리포구** (충남 홍성군 서부면 남당리, 궁리): 천수만은 우리나라 농업경쟁력, 해안정 비, 국토의 효율적·균형적 개발을 위해 간척과 매립이 진행된 간척사업지로 대규모 농업 단지이며, 인공호수와 습지가 만들어져 철새들의 먹이가 풍부해 해마다 많은 철새가 장관을 이룬다. 광활하게 펼쳐진 천수만과 어우러진 남당항은 대하, 새조개, 광어, 우럭 등 수많은 수산물이 풍부한 어항으로 해안 경관 또한 수려한 곳이다. 궁리포구는 천수만을 끼고 도는 해안 도로 드라이브 코스와 일몰이 환상적이다.

마당 넷
별당·정자
서재

학문과 마음의 수양터

경주 **무첨당과 서벽당**

경주 **양동 향단**

서울 **성북동 최순우 가옥**

안동 **군자마을 후조당과 탁청정**

영양 **서석지**

장흥 **존재 고택**

양동 무첨당과 서백당

우재 없이 회재 없다는 말이 나돌 정도

| 계자난간이 설치된 무첨당 누마루

우재 없이 회재 없다는 말이 나돌 정도

경주 양동마을은 우리나라에서는 유일하게, 아니 세계에서도 그 예가 드물게, 두 가문이 사돈 관계를 맺고 일구어온 집성촌이며, 550년이라는 세월의 거대한 뿌리를 내린 삶의 터다. 원래 이 마을에는 풍덕류씨 집안의 복하라는 분이 살았는데, 슬하에는 무남독녀 외동딸이 있었다. 경주손씨(慶州孫氏) 집안의 양민공 손소 선생이 25세 되던 해에 그 따님과 부부의 인연을 맺고 처가에 와서 살았다. 손소 선생은 이시애 난을 평정하고 적개공신이 되었으며 5남 3녀를 낳았다. 둘째 아들이 청백리에 오르고 당대의 대유학자로 알려진 우재 손중돈 선생이다. 그 후 여주이씨 이번이 우재 선생의 여동생과 결혼하여 이 마을에 살면서 두 아들을 보았다. 맏아들이 동방의 다섯 현자에 꼽히는 회재 이언적 선생이다. 그는 열 살에 아버지를 여의고 외삼촌 우재 선생한테 나아가 가르침을 받았다. 스승이자 아버지와 다름없었던 우재 선생이 외지로 근무지를 옮기면 양산, 김해, 상주 등지로 따라다니면서 배움을 밝혔다. 우재

| 양동마을 전경

없이 회재 없다는 말이 나돌 정도였다. 양동마을은 쟁쟁한 두 양반 가문이 서로 어깨를 겯고 누대에 걸쳐, 마을 이름 그대로 어질고 평안한 삶을 이어온 곳이다.

양동마을 얘기가 나오면 바늘과 실처럼 배산임수의 명당 이야기 가 반드시 뒤따라 나온다. 눈앞에는 형산강이 너른 들판을 휘돌아 안고 뒤척이다가 빠져나가고, 등 뒤로는 설창산의 문장봉에서 산 등성이가 뻗어 네 줄기로 갈라지면서 '勿(물)'자 형국을 이루었다. 풍수에 밝은 이들은 이 혈맥을 타고 바른 기운이 흘러들어 이 마을 에서는 훌륭하고 귀한 인물들이 태어날 상서로운 땅이라고 믿는 다. 우리가 꿈꾸었고 실현하고자 했던 이상적인 마을의 모습이 그 림처럼 펼쳐졌는데, 서백당과 무첨당이라는 두 종택을 방문하지 않고는 양동마을을 절반도 알지 못하는 셈이다.

| 서백당 사랑채 앞에는 내외담을 쌓아놓았다

　경주손씨의 종가 경주 양동마을 송첨 종택(慶州 良洞마을 松簷 宗宅, 경북 경주시 경주시 강동면 양동마을안길 75-6, 국가민속문화재 제23호)은 마을 안쪽으로 꽤 접어든 언덕바지 중턱에 높직이 앉아 멀리 성주산을 바라보고 있다. 손소 선생이 22세 되던 해, 1454년(단종 2)에 창건한 이 집은 '송첨' 혹은 '서백당'으로 불리며, 그의 아들 우재 손중돈과 외손인 회재 이언적이 태어난 집으로도 유명하다. 서백은 '참을 인(忍)' 자를 백 번 쓴다는 뜻이라는데, 종택의 종손이라면 그만큼 인내해야 한다는 의미일까. 깨끗한 마당에는 바라보는 순간 사람을 압도하는 향나무가 서 있다. 손소 선생이 집을 짓고 뿌듯한 마음에 손수 심었으니 이 집하고는 동갑내기다.

　서백당은 양동마을 골 안 깊숙이 비탈진 언덕에 축대를 쌓고 경사지를 그대로 이용해 집을 앉혔다. 대문채는 'ㅡ'자형으로 정면 8

| 6칸 규모의 큰 대청을 둔 서백당 안채 (사진제공=문화재청)

칸, 측면 1칸으로 오른쪽부터 광, 대문간, 고방, 온돌방, 광을 두어 집안일을 돌보던 솔거노비가 거처하는 행랑채 역할도 했다. 본채는 대문채보다 높게 기단을 쌓고 오른쪽으로 사랑채를, 왼쪽으로 아래채를 앉히고 그 뒤로 안채를 둔 'ㅁ'자형이다. 사랑채는 대청을 모퉁이에 두고 큰사랑방과 작은사랑방이 서로 마주 보지 못하게 한 'ㄴ'자형이다. 기단을 높이 쌓아 사랑대청에 오르면 누마루에 오른 것처럼 후원을 조망하기가 좋다. 이곳에서 또 한 가지 눈여겨볼 것은 큰사랑방 앞에 쌓아놓은 내외담이다. 사랑에 방문한 외부인의 시선이 안채나 안채 후원으로 넘어갈 수 없게 했다.

안채는 'ㄷ'자형으로 정면에 6칸 규모의 큰 대청을 중앙에 두고 왼쪽에는 안방과 부엌을, 오른쪽에는 윗방, 작은방, 마루방을 두었다. 오른쪽 방 앞으로는 쪽마루를 두어 사랑채로 연결될 수 있도록

| 누마루를 높게 달아낸 별당채 무첨당

했다. 아래채는 가운데 안대문채를 사이에 두고 왼쪽에 고방이 있
고 오른쪽은 사랑채와 연결되어 있다. 사당은 사랑마당 위쪽 높은
터에 방형으로 토담을 쌓아 별곽을 형성해 사당과 삼문을 배치했
다.

경주 양동 무첨당(慶州 良洞 無忝堂, 경북 경주시 강동면 양동마을안길 32-19,
보물 제411호)으로 향한다. 무첨당은 회재 이언적의 아버지 이번이 살
던 집으로 1460년 무렵에 지은 여주이씨의 종갓집이다. 물봉골 언
덕 위 무첨당의 꽤 높은 담장이 보인다. 대문을 들어서면 먼저 별
당 건물인 무첨당과 본채, 그 사이로 뒤편 높은 곳에 사당이 있다.
무첨당은 대문 바로 옆에 자리 잡고 있어 사랑채라 생각할지 모르
지만 'ㄱ'자형 별당채 건물로, 가운데 6칸 규모의 대청을 사이에 두
고 양옆에 방을 두고 있으며, 왼쪽 방 앞으로는 누마루를 높게 달

| 경주 양동 무첨당 사당(위) 경주 양동 서백당 사당(아래)

| 옛모습을 간직하고 있는 양동마을

아냈다. 누마루 바깥쪽에는 널문을 달아 외부의 시선을 차단할 수 있게 하고 계자난간을 둘러 건물의 격을 높였다. 제사를 지내거나 문중의 큰일이 있을 때 사용하고, 손님을 접대하거나 휴식을 취하는 공간이기도 하다. 안채는 후손들이 살고 있어 출입을 제한해 아쉽지만 볼 수가 없다.

지난 2010년 경주 양동마을은 안동 하회마을과 함께 마을 전체가 유네스코 세계문화유산에 등재되었다. '세계문화유산'이라는 어마어마한 간판을 달았지만, 양동마을은 정겨운 그저 오래된 마을이다. 그런데도 세계문화유산이라는 큰 이름에 값하는 것들을 찾아 마을의 꼬불꼬불한 흙길을 오르내리고 잘생긴 기와집과 다소곳한 초가집들을 기웃대다 보면, 어느덧 이 마을의 역사와 문화적 가치를 알아채고는 아, 이제야 알겠다는 회심의 미소를 짓게 된다.

경주 **양동 무첨당과 서백당**

 주변 고택

- **경주 양동마을 낙선당 고택**(경북 경주시 강동면 양동마을안길 75-24, 국가민속문화재 제37호)

- **경주 양동마을 사호당 고택**(경북 경주시 강동면 양동마을안길 83-8, 국가민속문화재 제74호)

- **경주 양동마을 상춘헌 고택**(경북 경주시 강동면 양동마을안길 85-7, 국가민속문화재 제75호)

- **경주 양동마을 수졸당 고택**(경북 경주시 강동면 양동마을안길 122-5, 국가민속문화재 제78호)

- **경주 양동 향단**(경북 경주시 강동면 양동마을길 121-83, 보물 제412호)

양동마을 상춘헌 고택

양동마을 수졸당 고택

불국사 청운교와 백운교

불국사 청운교와 백운교

주변 명소

- **경주 불국사 청운교 및 백운교**(경북 경주시 불국로 385): 불국사 청운교와 백운교는 대웅전을 향하는 자하문과 연결된 다리를 말하는데, 다리 아래 일반인의 세계와 다리 위로의 부처의 세계를 이어주는 상징적인 의미를 지닌다. 전체 34계단으로 되어 있는 위로는 16단의 청운교가 있고 아래로는 18단의 백운교가 있다. 청운교(靑雲橋)를 푸른 청년의 모습으로, 백운교(白雲橋)를 흰머리 노인의 모습으로 빗대어 놓아 인생을 상징하기도 한다.

- **경주 계림**(경북 경주시 교동 1): 경주 김씨의 시조인 김알지가 태어난 곳이라는 전설을 간직한 숲이다. 원래 신라를 건국할 때부터 있던 숲으로, 시림(始林)이라고 하던 것을 알지가 태어난 뒤로 계림(雞林)이라 하였다.

경주 계림

양동 향단

불의에 맞서 직언을 서슴지 않아

사랑채 앞마당에 있는 향나무

불의에 맞서 직언을 서슴지 않아

유네스코 세계문화유산 경주 양동마을에 자리 잡은 경주 양동 향단(慶州 良洞 香壇, 경북 경주시 강동면 양동마을길 121-83, 보물 제412호)은 회재 이언적 선생이 경상감사로 재직할 당시 1540년경에 어머니를 모시던 동생 이언괄(李彦适, 1494~1553)에게 지어준 살림집이다.

전통 상류 주택과는 다르게 일반적 격식에서 과감하게 벗어난 특이한 평면 구성을 하고 있는 향단은 경사면을 그대로 이용해 지었다. 맨 앞쪽에 행랑채를 두고, 뒤쪽에 정침공간으로 안채, 사랑채, 아래채, 날개채로 이루어져 있다. 사가 건물임에도 불구하고 둥근 기둥을 사용하였고, 전통 상류 주택의 격식을 갖추면서도 집안 구조는 안채를 중심으로 격식을 과감히 탈피하기도 하였다.

솟을대문을 들어서면 경사지를 이용해 4벌대 자연석 허튼쌓기를 한 기단 위에 '一'자형으로 앉힌 행랑채와 마주하게 된다. 행랑채는 정면 9칸, 측면 1칸으로 왼쪽부터 마구간, 곳간, 방, 마루방, 중문, 방을 두었다. 오른쪽에 중문칸을 설치하고 판문을 달아 놓았

| 사랑채 뒷편에 바라지창을 내어 개방감있게 설계

지만, 중문으로 들어갈 수 있는 계단이 없어 실제로 사용할 수는
없다. 행랑채 오른쪽 협문을 들어서면 사랑채로 오르는 계단이 있
다.

행랑채 뒤편에 6벌대 막돌 허튼쌓기를 한 기단 위에 'ㅁ'자형 정
침을 배치하였다. 정침은 가운데 작은 중정을 두고 안채, 사랑채,
아래채, 날개채가 붙어 있어 다소 폐쇄적이긴 하지만, 사랑채와 안
채 사이에 중문이 있고 건물과 건물은 서로 연결되어 있어 출입하
기에는 편리하다.

마을을 향해 내려다보는 방향으로 자리 잡은 사랑채는 정면 4칸,
측면 2칸의 'ㅡ'자형 건물로 가운데 대청을 두고 양쪽에 큰사랑과
작은사랑을 배치했다. 오른쪽에 있는 큰사랑은 사랑마당 쪽으로

마당 넷

| 다소 폐쇄적이지만 아늑한 안채 중정

쪽마루를 두었으며, 작은사랑 앞으로는 툇마루와 난간을 두었다.
사랑 대청 뒤편은 툇마루를 두고 벽은 큰 바라지창을 내어 안채와
개방감이 있도록 설계했다.

　사랑채 뒤편 중문을 통해 안채영역으로 들어선다. 정면 5칸, 측
면 2칸 반 규모의 안채는 중정이 있는 쪽에 안방을 두고, 행랑채가
있는 방향으로 넓은 안대청과 상방을 배치했다. 난간을 갖춘 안대
청은 행랑채 지붕선과 가까워 다소 폐쇄적이긴 하지만 아늑하고
조용해 안주인이 여가를 즐기기엔 안성맞춤이다. 2개의 부엌은 안
방 뒤편에 자리 잡고 있다. 안채와 아래채 사이로 난 통로를 지나
면 넓은 부엌 영역이 나온다. 아래채와 연결된 서쪽 날개채는 아래
층은 흙바닥에 기둥만 세워 개방되어 있고, 위층에는 바닥은 마루

| 독특하고 화려하게 지은 향단의 사랑채

| 행랑채 방향으로 배치한 안대청

마당 넷

| 경사지 그대로 이용해 집을 지었다

를 깔고 난간은 살대를 꽂아 마무리한 다락이 있다. 오른쪽 2칸 규모의 큰 고방에는 음식을 저장할 수 있는 항아리를 두었고, 위층에는 부엌 살림살이를 보관할 수 있게 하였다.

아래채는 사랑채와 연결이 된 쪽에 마루를 설치하고 방과 마루방, 방이 연결되어 있으며 왼쪽 끝에는 고방을 두었다.

향단은 번성할 당시에는 99칸에 달하는 큰 규모의 조선 상류 주택이었다. 그러나 아쉽게도 한국전쟁으로 일부가 소실되어 현재는 56칸 정도 남아 있지만, 명가의 위엄은 그대로 유지되고 있다. 오늘도 향단은 오랜 세월 변함없이 물봉동산 산마루에서 아름다운 우리 전통을 지켜가고 있다.

서울 성북동

최순우 가옥

한국 근대 미술사학의 체계를 세우다

溫良恭儉讓而得之

집안 곳곳에서 혜곡 선생의 손길이 느껴진다

한국 근대 미술사학의 체계를 세우다

서울 성북동 조용한 골목길에 자리 잡은 서울 성북동 최순우 가옥(서울 城北洞 崔淳雨 家屋, 서울 성북구 성북로15길 9, 등록문화재 제268호)은 고고미술학자이자 미술평론가였던 혜곡 최순우(兮谷 崔淳雨, 1916~1984) 선생이 살았던 옛집이다.

우리에게《무량수전 배흘림기둥에 기대서서》의 저자로 잘 알려진 혜곡 선생은 개성에서 태어나 한국미의 발견에 평생을 바치신 분이다. 선생은 우리나라 근대 미술사학의 체계를 세운 우현 고유섭 선생을 만나며 우리 문화에 대해 깨우치고, 박물관과 인연을 맺게 되었다. 평생 박물관인으로 살며 전시, 유물 수집과 보존처리, 조사, 연구는 물론 교육, 박물관 외곽단체의 활성화, 인재양성 등에 애정을 기울였다. 선생은 제4대 국립중앙박물관장을 지냈고, 한국미술평론인회, 한국미술사학회 등 문화예술계에서 활발하게 활동했다. 우리 문화유산의 아름다움과 소중함을 알리는 글 600여 편을 남겼으며, 대표적인 저서로는《최순우 전집(전 5권)》《무량수전

전형적인 경기지방 한옥형태를 갖추고 있는 집

| 혜곡 선생이 생활하시던 공간

배흘림기둥에 기대서서》등이 있다.

혜곡 선생이 1976년부터 1984년까지 거주한 성북동 최순우 가옥은 1930년대에 건립된 것으로 추정된다. 선생이 살던 이 집은 내셔널트러스트 운동에 의해 2002년 시민문화유산으로 보전되면서 낡은 곳을 보수하여 2004년부터 일반에 공개하고 있다.

이 집은 중정을 사이에 두고 본채와 문간채가 마주 보며 튼 '口' 자형 평면구조를 갖춘 전형적인 경기지방의 한옥이다. 'ㄱ'자형 안채는 대청을 중심으로 왼쪽은 안방과 사랑방을 두고, 오른쪽은 건넌방을 배치하였으며, 건넌방 앞과 사랑방 앞·뒤편으로 쪽마루를 두었다.

사랑방은 생전에 선생이 집필 공간으로 사용한 곳이다. 사랑방 앞쪽에는 혜곡 선생이 '杜門卽是深山(두문즉시심산, 문을 닫으면 이곳이 바로 깊은 산중이다)'이라고 직접 쓴 현판이 걸려 있고, 사랑방 뒤편에는 '午

| 혜곡 선생의 유품이 전시된 본채

睡堂(오수당, 낮잠 자는 방)'이라는 현판이 있다.

　현재 본채는 선생이 생전에 생활하시던 공간 그대로 보존하고, 선생의 유품과 친필 원고, 문화예술인들이 보낸 연하장과 선물한 그림 등을 전시해 놓았다.

　대문을 사이에 둔 'ㄴ'자형 문간채에는 오른쪽과 왼쪽에 각각 방이 있는데, 현재 오른쪽은 전시실과 사무실, 왼쪽은 회의실과 방문객의 휴게실 등으로 사용되고 있다.

　안채와 문간채 사이 중정에는 정원과 작은 우물이 남아 있고, 후원은 어디서나 쉽게 볼 수 있는 나무와 꽃들로 가꾸어 놓았다.

　최순우 가옥은 2006년 등록문화재로 지정되었고, 현재 (재)내셔널트러스트문화유산기금에서 소유하고 직접 관리를 맡고 있다. 자연과 잘 어우러지고, 담백한 아름다움이 느껴지는 옛집에는 지금도 선생의 숨결이 그대로 전해지는 듯하다.

서울 **성북동 최순우 가옥**

주변 고택

- **만해 한용운 심우장**(서울 성북구 성북로29길 24, 사적 제550호)
- **상허 이태준 가옥**(서울 성북구 성북로26길 8, 시도민속문화재 제11호)

심우장(사진 문화재청)

상허 이태준 가옥(사진 문화재청)

주변 명소

• **간송미술관**(서울 성북구 성북로 102-11): 간송 전형필이 세운 국내 최초의
사립 박물관으로, 한국의 귀중한 문화재들을 수집해서 간송미술관의
전신인 '보화각(葆華閣)'을 1938년에 설립했다. 이곳은 그림, 글씨, 도
자, 전적 등 문화재 전반에 걸쳐 다양한 유물을 소장하고 있다.

• **서울성곽길**: 조선을 개국한 태조 이성계는 한양에 도읍을 정하고
1396년(태조 5년)에 한양 둘레에 약 18km의 성곽을 쌓았다. 북악산,
인왕산, 남산, 낙산의 능선을 잇는 성곽과 성문은 일제강점기에 훼손
되어 일부만 남아 있다. 이 성곽길 중 특히 낙산공원에서 성북동에 이
르는 길은 주변에 볼거리도 많고 걷기에도 좋다.

간송미술관

서울 성곽길

군자마을 후조당과 탁청정

오천 한 마을에 군자 아닌 사람이 없다

ǀ 수몰된 '외내'에서 이건하면서 형성된 마을

과거 시험에 매이지 않고 깨끗하고 바른 품행으로

남의 가르침을 직접 받지 않고 스스로 학문을 닦으며,

정성을 다하여 공경한 마음으로 제사를 받들고,

부모에 대한 효도와 형제에 대한 우애로 자손을 가르쳤다.

태도와 행실이 높고 뛰어났다.

— 퇴계 선생이 지은 농수 김효로의 묘갈명(墓碣銘) 중에서

오천 한 마을에 군자 아닌 사람이 없다

경북 안동 군자마을은 광산김씨(光山金氏) 예안파(禮安派) 농수 김효로(聾叟 金孝盧, 1455~1534)가 세거한 지 600여 년 만에 1974년 안동댐 건설로 수몰된 '외내'에서 종택과 누정 등 20여 채의 고택을 지금의 오천 군자마을로 이건하면서 형성된 마을이다. 본래는 이곳에서 2km 정도 떨어진 곳에 있었다. 오천 군자마을이라는 이름은 당시 안동부사였던 한강 정구가 "오천 한 마을에 군자 아닌 사람이 없다"라고 한 말이 《선성지(宣城誌)》에 기록된 후 붙여진 이름이다. 이 마을을 대표하는 오천 칠군자(烏川 七君子)는 후조당 김부필(後彫堂 金富弼), 읍청정 김부의(挹淸亭金富儀), 산남 김부인(山南 金富仁), 양정당 김부신(養正堂 金富信), 설월당 김부륜(雪月堂 金富倫), 일휴당 금응협(日休堂 琴應夾), 면진재 금응훈(勉進齋 琴應壎)으로 모두 김효로의 친손과 외손들로 퇴계 이황(退溪 李滉)의 제자들이다.

군자마을의 고택들은 조붓하게 언덕 여기저기에 자리를 잡고 있다. 아침이면 물안개가 올라와 마을 전체를 부드럽게 감싸 안는 환

| 종택의 별당에 걸린 '후조당' 현판

상적인 풍광을 자아낸다. 고택마다 고운 나뭇결 그대로의 멋이 흐르고 조상의 숨결이 전해져 오는 듯하다. 먼저 조금 높은 곳에 자리를 잡은 안동 후조당 종택(安東 後彫堂 宗宅, 경북 안동시 와룡면 군자리길 21, 국가민속문화재 제227호)으로 간다. 대문을 들어서면 건물 앞 기둥을 석주 위에 세워 당당하고 힘 있게 보이는 사랑채가 가장 먼저 눈에 들어온다. 사랑채는 정면 6칸, 측면 1칸의 '一'자형 건물로 대청을 가운데로 두고 좌우로 큰사랑방과 작은사랑방이 있으며, 건물 앞쪽으로 툇마루를 두고 계자난간을 둘러놓았다.

종택의 별당인 후조당은 후조당 김부필(後彫堂 金富弼, 1516~1577)이 제사를 지내기 위해 지은 제청으로 그의 호를 당호로 붙였다. 퇴계 선생의 제자인 김부필은 약관에 사마시에 합격한 후 관직에 뜻을 두지 않고 향리에 정자를 지어 시문을 즐기고 학문에 전념하며 지

안동 후조당 종택 사랑채

냈다. 후조당은 정면 4칸, 측면 2칸이고, 동쪽 모서리에 정면 1칸, 측면 2칸을 달아낸 'ㄱ'자형 건물로, 6칸의 넓은 대청, 그 오른쪽으로 온돌방이 있고, 앞으로 돌출된 마루와 온돌방을 배치했다. 대청 앞뒤로 툇마루를 두었으며, 사방에 창호를 달아 사계절 내내 사용할 수 있도록 했다. 사분합들문을 열어젖히면 나지막한 산들이 마을을 향해 엎드려 있는 듯 그 모습이 한눈에 들어온다. 참 편안하게 느껴진다.

소문대로 명당은 명당인가보다. 후조당에 오르면 또 한 곳을 눈여겨봐야 한다. 엄청난 보물이 발견되었던 천장이다. 이건을 위해 건물을 해체할 당시 대청의 합각 하부 천장에서 안동 낙향조인 18

| 후조당 대청(위) 후조당 대청에서 바라본 풍경(아래)

대 김무(金務)에서 30대 김숙(金塾)에게 걸쳐 모아 둔 교지, 호구단자, 토지문서, 분재기, 혼서 등 고문서 2천 점과 고서 2천5백 권이 쏟아졌다. 이 가운데 고문서 7종 429점은 보물 제1018호, 구서 13종 61점은 보물 제1019호로 지정되었다.

후조당 종택 바로 옆에 있는 읍청정(挹淸亭) 정자를 지나 안동 광

| 건축 당시에는 단청이 있었다는 탁청정(오른쪽)

산김씨 탁청정공파 종택(安東 光山金氏 濯淸亭公派 宗宅, 경북 안동시 와룡면 군
자리길 33-6, 국가민속문화재 제272호)으로 간다. 이 종택은 김효로의 둘째
아들인 김류(金綏, 1491~1555)가 1541년 건립한 건물로 안채와 문간
채(사랑채), 좌·우익사가 연결된 'ㅁ'자형 구조로 배치를 했다. 문간
채는 정면 6칸, 측면 1칸의 'ㅡ'자형 건물로 가운데 대문을 두고 따
로 사랑채를 두지 않고 정면 왼쪽을 사랑채로 사용했다. 안채는 정
면 4칸, 측면 1칸으로 좌·우익사 정면 2칸, 측면 1칸과 연결되어
있다. 안채를 조금 높게 지었고 안마루의 양식은 양쪽이 2층으로
되어 있는 특이한 구조를 지니고 있으며, 사랑채를 가장 낮게 지었
다. 안동 탁청정(安東 濯淸亭, 국가민속문화재 제226호)은 정면 2칸, 측면 2
칸의 누각으로, 오른쪽 4칸은 정면과 측면이 탁 트인 대청이 있고
왼쪽에 2칸 규모의 온돌방이 있다. 매우 큰 주춧돌 위에 세워진 정

| 안동 군자마을 봄

자의 누마루에 오르면 대들보와 충량, 선자연의 짜임 등 친목 수법
이 섬세하면서도 중후한 멋을 느낄 수 있어 영남지방에 있는 정자
중 가장 웅장하고 우아하다는 평을 받고 있다. 건축 당시에는 화루
(華樓)라 불릴 정도로 화려하고 단청까지 있었다고 한다.

　군자마을에는 후조당, 읍청정, 탁청정, 설월당, 낙운정, 침략정
등 수백 년 세월을 함께 했던 고택과 함께 또 하나의 볼거리가 있
다. 광산김씨 예안파 문중이 소장하고 있는 유물을 보관해 놓은 숭
원각(崇遠閣)이 그것이다. 2007년 문을 연 숭원각에는 광산김씨 문
중에서 보관해 오던 분재기, 노비 문서, 혼서 등 고문서와 전적유
물 150여 점이 전시되어 있다. 이곳에 보존 소장하고 있는 문화재
는 민속 또는 역사연구에 중요한 자료로 활용되고 있다. 한 가문의
600여 년을 관통하며 살아온 흔적이며 소중한 그들의 유산인 전적

❙ 안동 군자마을 김방식 관장

류와 보물을 고스란히 지켜온 선조의 노고가 새삼 존경스럽게 느껴졌다.

현재 이곳은 군자마을이 자리 잡기까지 많은 노고를 아끼지 않으셨던 고(故) 김준식(金俊植 1938년생) 선생을 대신해 김방식(金邦植, 1955년생) 관장이 지키고 있다. 김방식 관장은 지난 2008년 서울에서 내려와 형님과 함께 군자마을 고택을 쓸고 닦으며 사람의 숨결이 느껴지는 공간으로 하나하나 변화시켰다. 선생은 단순하게 관광객이 와서 구경하고 가는 그런 관광지가 아니라 이곳을 찾은 사람들이 휴식과 체험을 병행하는 품격 있는 고택체험의 장이 되길 희망하신다. 김방식 관장은 말한다. 사람이 아름답고, 집과 사람이 조화로운 '세상에서 가장 아름다운 마을'을 만들고 싶다고.

안동 **군자마을 후조당과 탁청정**

주변 고택

- **안동 진성이씨 온혜파 종택**(경북 안동시 도산면 백운로 268, 국가민속문화재 제 295호)
- **농암 종택과 긍구당**(경북 안동시 도산면 가송길 162-168, 경북유형문화재 제32호)

진성이씨 온혜파 종택

농암 종택과 긍구당

퇴계 녀던길

주변 명소

- **퇴계 녀던길**: 퇴계 선생이 걷던 길, '녀던길' '예던길'은 '가던 길'이란 뜻의 우리 옛말로 선비들이 거닐던 길이란 의미를 담고 있다. 굽이쳐 흐르는 낙동강과 청량산의 전경이 한눈에 들어오는 이 길은 선생이 '그림 속으로 드는 길'이라 할 정도로 풍광이 아름답다.

- **안동 도산서원**(경북 안동시 도산면 도산서원길 154): 한국 최고의 유학자 퇴계 이황(退溪 李滉) 선생의 학문과 덕행을 기리고 추모하기 위해 1574년(선조 7)에 건립한 곳으로, 선생이 생전에 유생들을 교육하며 학문을 쌓던 도산서당이 그 안에 있다.

- **청량산 청량사**(경북 봉화군 명호면 청량산길 199-136): 낙동강 상류 한 폭의 수묵화 같은 청량산(명승 제23호)은 그리 높지는 않지만 여기저기 솟은 바위와 기암절벽이 어우러져 예로부터 소금강이라 불릴 만큼 산세가 수려하다. 청량사는 663년 신라 문무왕 때 원효대사가 창건한 사찰로, 고려 공민왕이 쓴 현판이 걸려있는 유리보전, 퇴계 선생이 공부했던 청량정사, 통일신라 서예가 김생이 글씨 공부를 한 김생굴, 바위절벽 위에 있는 5층 석탑 등이 있다.

- **이육사문학관**(경북 안동시 도산면 백운로 525): 이육사 탄신 100주년에 맞춰 지난 2004년 개관한 이육사문학관은 일제강점기 17번이나 옥살이를 하여 민족의 슬픔과 조국 광복의 염원을 노래한 항일 민족시인 이육사 선생의 자료와 기록을 모아 놓은 곳으로 이육사의 민족정신과 문학정신을 길이 전하고 널리 알리기 위한 문학관이다.

도산서원

이육사문학관

청량사

영양

서석지

한국 정원의 조형을 품고

| 연지 주변에 자리잡은 경정과 주일재(오른쪽)

敬亭

有事無忘助 臨深益戰兢 惺惺須照管 母若瑞巖僧

일이 있으면 돕기를 잊지 말고 심각한 일에 임해서는 더욱 싸워 이기며

깨닫고 깨달아 모름지기 밝히고 관통하여 중국 경정승 같이 되는 말지어다

— 석문 선생이 읊은 〈敬亭雜詠(경정잡영)〉 중에서

한국 정원의 조형을 품고

영양군 입암면 자양산(紫陽山) 남쪽의 완만한 기슭 아래, 한국 정원의 조형미를 품고 있는 영양 서석지(英陽 瑞石池, 경북 영양군 입석면 서석지 3길 16, 국가민속문화재 제108호)는 성균관 진사를 지낸 석문 정영방(石門 鄭榮邦, 1577~1650)이 1613년(광해군 5)에 조성했다. 석문 선생의 할아버지는 정원충(鄭元忠), 친아버지는 정식(鄭湜), 양아버지는 정조, 어머니는 안동권씨(安東權氏)로 예천군 용궁면에서 태어나 우복 정경세(愚伏 鄭經世, 1563~1633)의 문하에서 성리학을 공부했다. 1605년 과거에 급제하였지만, 당시의 혼란한 정치에 회의를 느껴 벼슬을 하지 않고 자연을 벗 삼아 은둔하며 학문 연구에 전념했다. 선생의 문집으로는 《석문선생문집(石門先生文集)》《석문집(石門集)》이 있고, 목판본도 전해져 내려오고 있는데 이 문집은 정영방 사후 1821년(순조 21)에 편집 간행되었다.

입암면 연당리에 터를 잡은 석문 선생은 마을 전체를 정원으로 보고 내원(內院)과 외원(外苑)으로 구분했다. 연당리 입구 기암괴석 촛대바위를 '석문(石門)'이라 하고 외원으로, 내원에는 연지를 중심

┃ 담장 너머 연못가에 400년이 넘는 은행나무가 서 있다

으로 정자인 경정(敬亭), 서재 주일재(主一齋), 수직사와 남문 등 건물을 앉혔다.

영양 서석지는 담양 소쇄원(潭陽 瀟灑園, 전남 담양군 남면 소쇄원길 17, 명승 제40호), 보길도 윤선도 원림(甫吉島 尹善道 園林, 전남 완도군 보길면 부황길 57, 명승 제34호)과 함께 우리나라 3대 정원으로 손꼽힌다. 보호수로 지정된 4백 년이 넘은 은행나무가 서석지의 오랜 역사를 말해준다. 7월 연꽃 필 때 모습이 장관이라 하지만 조금 더 빨리 보고 싶었다.

때 이른 방문이라선지 너무나 고요하다. 사각문을 열고 들어선다. 연못에서 유유자적 노닐던 새들이 후드득 놀라 날아오른다.

먼저 경정으로 오른다. 반들반들 윤기가 흐르는 마룻바닥은 오랜 세월의 흔적을 그대로 머금고 있다. 6칸 대청에 좌우로 온돌이

| 2칸 규모의 온돌이 설치된 경정 내부

2칸 있는 규모가 큰 정자다. 연지가 한눈에 내려다보이는 경정 서까래에는 석문 선생이 서석지를 읊은 〈경정잡영(敬亭雜詠)〉이 걸려 있다. 서재인 주일재와 연지가 한눈에 내려다보인다. 가로 13.4m, 세로 11.2m, 깊이 1.3~1.7m 'ㄴ'자형 모양을 한 연지 안에는 여러 형상을 한 90여 개의 서석이 물에 잠기기도 하고 드러나기도 한다. 서석지의 내원과 외원이 조화를 이뤄 주변에 있는 바위와 같은 모양의 크고 작은 바위들이 연지 안에서도 조화를 이루고 있다. 연지 주변은 석축으로 쌓고 동북쪽 물이 들어오는 곳을 읍청거(挹淸渠)라 하고 맞은편 물이 나가는 곳을 토예거(吐穢渠)라 했다. 주일재 앞에 는 동서로 4.5m, 남북으로 3m의 단을 연못 안쪽으로 축조한 사우 단(四友壇)이 있는데 이곳에 매, 난, 국, 죽 네 벗을 심어 놓았다. 석문 선생은 이 연지에 유난히 흰 암석을 배치하고 '상서로운 돌'이라

| 여름엔 연향이 퍼지고 가을에는 은행잎이 내려앉는 연지

는 뜻으로 서석(瑞石)이라 부르고 이름 없는 돌 하나하나에도 이름
을 지어 주었다. 이 〈경정잡영〉은 옥계척(玉界尺), 낙성석(落星石), 통진
교(通眞橋), 선유석(仙遊石), 기평석(碁枰石), 희접암(戲蝶巖), 어상석(魚狀石),
옥성대(玉成臺), 조천촉(調天燭) 등 돌들의 형상에 따라 이름을 붙인 19
개의 돌을 시적으로 표현해 놓았다. 옥계척에서 통진교를 거쳐 선
유석까지 이어지는 축은 경정에서 신선 세계로 건너가는 과정을
보여주고 있으며 선유석은 신선이 노니는 돌, 기평석은 신선이 바
둑을 두는 장소를 의미한다. 난가암(爛柯巖)은 도낏자루 썩는 바위,
탁영반(濯纓盤)은 갓끈 씻는 바위, 화예석은 꽃과 향초의 바위, 희접
암은 나비와 희롱하는 바위, 조천촉은 하늘과 어우러지는 촛불 바
위 등 돌 하나하나에 석문 선생의 학문과 인생관은 물론 은거 생활

| 연꽃이 핀 서석지 전경 (사진제공=문화재청)

의 이상적 경지와 자연의 오묘함과 아름다움을 찬양하고 심취하는 심성을 잘 나타내고 있다.

한 가지 뜻을 받는 곳, 주일재(主一齋)는 정면 3칸, 측면 1칸의 온돌과 마루로 구성된 건물로 서제로 사용했으며, 경정 뒤로는 수직사(守直舍) 두 채를 두어 생활에 불편이 없도록 했다. 아직도 이곳에는 디딜방아며 구유가 그대로 남아있다.

오랜 세월이 지난 지금도 변함없이 그 자리를 지키며 있는 서석지에서의 하루는 오랜만에 외갓집 같은 푸근함을 듬뿍 느끼게 했다. 아마 오래도록 기억될 것 같다. 연지 가득 연향이 퍼지는 여름날, 노란 은행잎이 연지 가득 내려앉는 가을날 꼭 다시 한 번 오고 싶다.

영양 **서석지**

 주변 고택

- **영양 한양조씨 사월 종택**(경북 영양군 영양읍 원당길 2-1, 국가민속문화재 제294호)
- **조지훈 생가**(경북 영양군 일월면 주실길 27, 시도기념물 제78호)
- **석계 고택**(경북 영양군 석보면 두들마을길 77, 시도민속문화재 제91호)

영양 두들마을 전경

영양 주실마을 전경

 주변 명소

'육지 속의 섬'이라 불리는 영양은 내륙 깊숙이 자리 잡고 있다. 태백산의 남쪽 끝에 있는 일월산(1,219m)과 낙동강의 지류인 반변천을 끼고 있는 영양은 '서리는 흔하고 햇빛은 귀한 곳'이라고 한다.

영양 봉감모전오층석탑

- **두들마을**(경북 영양면 석보면 두들마을길 62): 조선 시대 광제원(廣濟院, 질병 치
료시설)이 있었던 두들마을은 석계 이시명(石溪 李時明)이 1640년에 들
어와 집을 짓고 살기 시작한 재령이씨 집성촌으로 수백 년 된 고택이
잘 보존되어 있다. 두들마을은 한글 최초의 음식조리서 〈음식디미방〉
을 쓴 장계향(張桂香), 현대문학의 거장 이문열의 고향으로 이미 유명
세를 타고 있다. 이 마을에는 30여 채의 고택을 비롯해 이문열의 광
산문학연구소, 음식디미방 체험관, 안동장씨 예절관 등이 있어 체험
객이 많다.

- **주실마을**(경북 영양군 일월면 지훈길 16): 지훈 조동탁(芝薰 趙東卓) 시인의 예
술혼이 살아 숨 쉬고, 전통문화가 잘 보존된 주실마을은 한양조씨 집
성촌으로 실학자들과의 교류와 개화기 서양 문물을 빨리 받아들였
고, 일제강점기 때부터 지금까지 양력설을 쇠고 있다. 마을 길을 따라
올라가면 지훈문학관, 지훈시공원, 시인의 숲 탐방로가 있다.

- **산해리 오층모전석탑**(경북 영양군 입암면 산해리 391-5): 반변천이 흐르는 강
가의 밭 가운데에 서 있는 탑으로, 이 마을을 '봉감(鳳甘)'이라고 부르
기도 하여 '봉감탑'이라 이름 붙여졌다. 벽돌 모양으로 돌을 다듬어
쌓아 올린 모전석탑은 기단의 모습과 돌 다듬은 솜씨로 보아 통일 신
라 시대에 세워진 것으로 추정되며, 원형이 잘 보존되어 있다.

존재 고택

이야기가 있는 대나무 연못

I 높은 기단 위에 자리 잡은 본채

山茶花落綠莎　　동백꽃 떨어져 푸른 잔디를 덮자
懶步金沙選勝遊　　금모래 위 게으른 걸음으로 명승지 찾았네
一曲漁歌江日晚　　한 곡조 뱃노래에 강 위 해가 저물자
忽然人上洞庭樓　　사람들 홀연히 동정루에 오르네

- 존재 위백규

이야기가 있는 대나무 연못

억새와 기암괴석이 조화를 이뤄 한 폭의 그림을 그려놓은 듯 산세가 아름다운 천관산 아래 자리 잡은 방촌마을. 600여 년 동안 장흥위씨(長興魏氏)가 살아온 집성촌이 여기에 있다. 전남 장흥군 관산읍에서 방촌으로 넘어오는 작은 고갯마루에는 남장승인 진서대장군과 여장승 미륵불이 도로를 사이에 두고 나란히 서 있다. 언제 만들어 세워졌는지 연대는 정확하게 알려지지 않았지만, 이 마을의 역사와 함께하며 방촌마을을 지키고 있다.

방촌(傍村)마을 안쪽 가장 높은 곳에 자리한 장흥 존재 고택(長興 存齋 古宅, 전남 장흥군 관산면 방촌길 91-32, 국가민속문화재 제161호)은 조선 후기 실학이라는 학문을 꽃피운 호남 실학의 대표 존재 위백규(存齋 魏伯珪, 1727~1798) 선생이 태어난 곳이다. 존재 선생은 진사를 지낸 영이재 위문덕(詠而齋 魏文德)의 아들로 태어나 6세에 국문을 해독하고, 10세에는 천문, 지리, 병서, 의학 등 다양한 분야의 책을 탐독했다. 25세 때 병계 윤봉구 (屛溪 尹鳳九) 선생을 만나면서 학문의 깊이가 더해

| 존재 선생이 주문을 걸어 개구리 소리를 들리지않는다는 연못

졌고, 고산자 김정호(古山子 金正浩)의 대동여지도보다 103년이나 앞선 우리나라 최초의 세계지리서라 할 수 있는 《瀛環誌(환영지)》를 내놓았다. 39세에 생원시에 합격하고, 41세가 되면서부터 다산정사(茶山精舍)를 세워 후학을 양성하며 학문에 몰입하여 《存齋集(존재집)》을 비롯해 90권이 넘는 책을 저술했다. 존재 선생의 높은 학문이 세상에 알려지기 시작하자 지방 관리들의 천거로 69세에 처음으로 벼슬길이 열린다. 옥과 현감으로 제수된 존재 선생은 자신이 쓴 《正弦新譜(정현신보)》를 바탕으로 임금에게 정치와 경제에 관한 견해를 밝힌 '만언봉사'를 써서 올린다. 이에 감복한 정조가 장원서별제(정6품) 벼슬을 내리지만 노환으로 직무를 수행하지 못하고 72세의

| 본채 바로 앞에 서실(오른쪽)을 배치

나이로 세상을 떠났다.

　존재 선생은 한양에서 천 리나 떨어진 외딴 바닷가 마을, 장흥 땅에서 당대 쟁쟁했던 학자 우암 송시열(尤庵 宋時烈), 수암 권상하(遂菴 權尙夏)의 학문적 계보를 잇는 병계 윤봉구(屛溪 尹鳳九)의 제자로서 새로운 시대를 여는 '실학'의 학풍을 열었다. 하지만 다산 정약용(茶山 丁若鏞)이라는 그늘에 가려져 세상에 크게 드러나지 못한 채 학문과 저술에만 전념했던 학자이다.

　저 멀리 언뜻언뜻 보이는 푸른 보리밭은 계절을 느끼기에 충분하다. 방촌마을의 골목 긴 세월 사연을 담은 이끼 낀 돌담도 예스러운 봄기운을 가득 머금고 있다. 존재 선생의 8대손인 위재현(魏在

| 아버지와 아들의 호가 나란히 걸린 서재

鉉, 1955년생) 선생의 안내를 받으며 존재 고택 마당을 들어서니 뒷산 대나무 숲을 배경으로 높은 안채와 서재가 한눈에 들어온다. 이 집은 1700년대 지은 것으로 추정되는데, 상량문에서 안채는 1937년에 지었고, 위재현 선생의 12대조인 고조가 지은 집을 8대조인 존재 선생이 1775년에 개축했다고 기록되어 있다.

막돌로 쌓은 이중 기단 위에 앉힌 안채는 5칸 겹집으로 대청을 사이에 두고 왼쪽에는 안방이 있고 부엌과 광을 앞뒤로 배치하고, 오른쪽으로는 온돌방을 앞뒤로 두었다. 안방 앞에서부터 대청을 지나 온돌방까지 길게 툇마루가 나 있다. 대청마루에 앞뒤로 난 문을 활짝 열면 앞으로는 저 멀리 천관산의 아름다운 모습이, 뒤로는 대나무 숲을 배경으로 운치 있게 꾸며진 정원을 내다볼 수 있다.

| 집 주변에는 대나무숲이 조성되어 있다

　아버지의 호인 '詠而齋(영이재)'와 존재 선생의 호인 '存齋(존재)'가 적힌 현판이 나란히 걸린 서재는 18세기에 건축된 것으로, 존재 선생의 선비정신이 오롯이 남아있다. 서재는 단칸 건물로 아주 작고 특이한 구조로 지어졌다. 지붕의 한쪽은 팔작지붕이고, 안채와 접하는 쪽은 맞배지붕을 하고 있다. 서재는 앞쪽에 대청과 방을 두고 앞마당을 등진 방향으로 툇마루가 있다. 글공부에 지칠 때쯤 존재 선생은 어쩌면 이 대청에 기대어 대문 밖 연못에 눈길을 주며 한가로운 시간을 보냈으리라.

　석가산을 만들어 대나무를 심어놓은 연못에는 재미있는 이야기가 전해 내려온다. 존재 선생이 글공부에 전념하고 있을 때 연못에서 개구리 우는 소리가 시끄럽게 들리자 주문을 걸었다. 그 후 이

| 서재에 걸린 현판 영이재(아버지)와 존재

연못에서는 지금까지도 개구리 소리가 들리지 않는다고 한다. 사당은 정원에 있는 나무들에 가려 잘 보이지 않는 조금 높은 곳에 있다. 지면보다 높게 지은 사당의 풍판(風板)에는 특이하게도 물결무늬 곡선을 주었다.

존재 고택을 지키고 있는 위재현 선생은 고향 집에 내려와 이곳저곳을 돌보기도 하고, 친구들과 함께 내려와 머물기도 한다. 새벽이면 뒤뜰 대나무 숲에서 지저귀는 새소리에 잠이 깨고 도시에서 느끼지 못하는 상쾌함으로 하루를 시작한다. 고택에서 어린 시절엔 느끼지 못했던 편안함을 알고부터는 이런 집을 남겨주신 조상님께 늘 감사한 마음이라고 한다. 선생은 서로 의지하며 서걱거리는 대나무 숲이 전해주는 노래를 벗 삼고 천관산 기암괴석마다 전해지는 전설을 얘기하리라. 《支提志(지제지)》를 통해 존재 선생이 천

마당 넷

| 존재 선생 8대손 위재현 선생

관산에 있는 봉우리와 골짜기, 바위들에 명명한 것을 찾아 산행하
는 낙낙한 즐거움과 함께.

장흥 **존재 고택**

주변 고택

- **장흥 신와 고택**(전남 장흥군 관산읍 방촌길 111-17, 국가민속문화재 제269호)

- **장흥 오헌 고택**(전남 장흥군 관산읍 방촌1길 44, 국가민속문화재 제270호)

- **장흥 죽헌 고택**(전남 장흥군 관산읍 방촌길 101, 시도민속자료 제6호)

장흥 정남진   편백숲 우드랜드

천관사 삼층석탑

주변 명소

서울에서 정남진인 전남 장흥은 아름다운 자연뿐만 아니라 천혜의 환경, 기름진 옥토와 청정해역에서 여러 가지 식재료가 다양하게 생산되는 풍요의 땅이다. 봄이면 할미꽃축제를 시작으로 제암산철쭉제, 여름이면 대한민국 정남진물축제, 가을이면 천관산 억새제가 열린다.

- **천관사**(전남 장흥군 관산읍 농안리 740): 신라 애장왕 때 영통 화상이 세웠다고 전해지는 고찰로 보물 제795호로 지정된 삼층석탑이 있다.
- **장흥 편백숲 우드랜드**(전남 장흥군 장흥읍 우드랜드길 180): 억불산 자락 40년 생 아름드리 편백 숲속에서 다양한 생태체험을 할 수 있다.
- **정남진**(전남 장흥군 관산읍 정남진해안도로): 서울 광화문에서 400km 정남 쪽에 있는 곳으로 삼산방조제 끝에 정남진전망대가 있다.

마당 다섯
마을

시간이 멈춘 우리 전통 마을

고성 **왕곡마을**

산청 **남사예담촌**

성주 **한개마을**

순천 **낙안읍성**

영주 **무섬마을**

제주 **성읍마을**

왕곡마을

시간 여행자가 된 듯

┃뒷산의 경사지를 따라 마을이 형성

시간 여행자가 된 듯

시간이 멈춘 듯 전통의 향기를 고스란히 품고 있는 고성 왕곡마을(高城 旺谷마을, 강원 고성군 왕곡면 오봉리, 국가민속문화재 제235호)을 찾아간다. 동해안을 따라 길게 뻗어있는 낭만가도 7번 국도에서 1km 정도 내륙으로 들어간 곳에 마을이 형성되어 있는데, 산에 가려 잘 보이지 않는다.

마을은 동쪽은 골무산(骨蕉山), 남동쪽은 송지호, 남쪽은 호근산(湖近山)과 제공산(濟孔山), 서쪽은 진방산(唇防山), 북쪽은 오음산(五音山) 등 다섯 개의 봉우리가 서로 겹치듯이 둘러싸고 있는 분지에 자리 잡고 있다. 그런 지형적인 특성 덕분에 지난 수백 년 동안 전란의 피해를 거의 입지 않았고, 근래 고성지역에서 발생했던 대형 산불에도 전혀 화를 입지 않았다. 외부와의 왕래가 쉽지 않았던 악조건이 오히려 수백 년간 전통을 이어갈 수 있게끔 했다.

1988년 '전통건조물 보존지구 제1호'로 지정된 왕곡마을은 600년의 긴 역사를 간직하고 있다. 고려 말 공신이었던 양근함씨(楊根咸

氏) 함부열(咸傅烈, 1363~1442)이 조선 건국에 반대하여 간성 지역으로 낙향했고, 그의 손자 함영근이 이 마을에 정착했다. 이후 강릉최씨 (江陵崔氏)가 들어오면서 왕곡마을은 함 씨와 최 씨의 집성촌이 되었다. 임진왜란으로 폐허가 되기도 했지만, 현재는 19세기 전후에 지어진 북방식 전통가옥 50여 채가 마을 중심으로 흐르는 개울을 따라 자연스럽게 형성되어 있다. 기와를 올려놓기도 하고 짚을 엮어서 올려놓은 돌담을 따라 마을 안으로 들어가 보면 마치 시간여행자가 된 듯하다.

마을의 가옥들은 따뜻한 햇볕을 충분히 받을 수 있도록 남향 또는 남서향으로 자리 잡고 있다. 가옥과 가옥 사이에는 비교적 넓은 텃밭이 형성되어 있어서 별도의 담장 없이도 자연스러운 경계를

| 북방식 전통가옥의 특징을 잘 갖춘 고성 함정균 가옥

이룬다. 집들은 앞쪽으로 담이나 대문을 설치하지 않아 햇볕이 잘
들고 겨울에 눈이 많이 내릴 때도 출입이 용이하며, 뒤편에만 돌담
이나 산죽으로 울타리를 설치해 차가운 북풍을 대비했다. 이곳 대
부분의 가옥은 안방과 사랑방, 마루와 부엌을 한 건물 내에 나란히
배치한 북방식 구조로 'ㄱ'자형 겹집구조를 갖추고 있다. 특히 마
루는 외부로 노출시키지 않고 창호문과 벽체로 둘러싸인 건물 내
부에 방들 앞쪽으로 배치했고, 부엌 앞쪽에는 마구간을 덧붙여 산
간지방의 춥고 긴 겨울 동안 생활을 편리하게 했으며, 가옥의 기단
을 높여 많은 적설량에 대비했다. 안방의 난방을 위해서는 부엌에
아궁이를 시설하였고, 사랑방은 측면 벽에 별도로 지붕을 달아내
어 그 아래에서 편하게 난방 작업을 할 수 있게 했다. 집집마다 굴

| 가옥 앞쪽에는 담과 문이 없다

뚝 모양도 다른데 특히 굴뚝 위에 항아리를 엎어놓은 모습이 독특하다. 진흙과 기와를 한 켜씩 쌓아 올리고 항아리를 엎어 놓았는데, 그렇게 하면 굴뚝을 통해 나온 불길이 초가에 옮겨 붙을 염려도 없고 열기는 집 내부로 다시 들어간다고 한다. 이곳에는 겨울철에 눈이 많이 내리기 때문에 지붕에 쌓이는 눈의 무게로부터 건물을 보호하기 위해 전면보다 배면의 서까래 지름이 더 굵다. 지붕 아래로는 결로현상을 방지하기 위해 천장에 반자를 시설하지 않고 산자를 엮은 채로 서까래가 그대로 드러나게 지었다.

왕곡마을의 가옥들 중 북방식 전통가옥의 특징을 가장 잘 갖추고 있는 고성 함정균 가옥(高城 咸丁均 家屋, 강원 고성군 죽왕면 왕곡마을길 52, 강원문화재자료 제78호)은 19세기 중엽에 지어진 집이다. 정면 4칸, 측면 2칸 규모로 정면의 2칸에 마루가 있고 그 뒤에 안방이 있으며

마당 다섯

| 다섯 개의 봉우리에 둘러싸인 왕곡마을

측면에 사랑방과 고방이 있다. 본채 오른쪽에 있는 사랑채는 사랑
방 옆면에 아궁이가 있고, 고방과 사랑방 사이의 벽을 바깥쪽으로
연결해 지붕을 덧달아 헛간으로 사용하고 있다. 본채 뒤쪽에 툇마
루가 있고 마루 양쪽 끝으로 하부에는 뒤주를, 상부에는 두 짝 여
닫이문을 단 벽장을 설치해 놓았다.

　왕곡마을의 가옥은 외지인에게는 팔 수 없도록 규정되어 있어
서, 대신 문화재청이 가옥을 매입해 전통문화 체험 공간으로 활용
하고 있다. 현재 8채의 전통가옥, 기와집인 작은 백촌집, 큰 상나말
집, 한고개집, 초가집인 큰 백촌집, 성천집, 진부집, 한고개 행랑채,
갈벌집 등에서 숙박이 가능하고, 새끼 꼬기, 짚신 만들기, 디딜방아
찧기 등 다양한 전통문화 체험 프로그램도 진행되고 있다.

고성 **왕곡마을**

 주변고택

• **고성 어명기 가옥**(강원 고성군 죽왕면 봉수대길 131-7, 국가민속문화재 제131호)

고성 어명기 가옥

사진제공=문화재청

l 고성 송지호

고성 청간정

 주변 명소

동해안 최북단이자 북한과 맞닿은 땅 고성은 금강산과 설악산을 품고 있어 산, 바다, 호수, 계곡 등 자연풍광이 수려하다.

- **청간정**(강원 고성군 토성면 동해대로 5110): 관동팔경의 하나로 손꼽히는 곳이다. 설악산에서 흘러내리는 청간천과 푸른 동해가 만나는 지점의 나지막한 구릉 위에 아담하게 서 있다.

- **송지호**(강원 고성군 죽왕면 오봉리): 1977년 국민 관광지로 개발되었다. 겨울 철새인 천연기념물 제201호 고니와 청둥오리 등의 도래지이며 많은 어족과 갯조개가 서식하고 있는 생태계의 보고이다. 호수 입구에 철새들을 관찰할 수 있는 송지호 철새 관망타워가 있다.

남사예담촌

선비의 기상과 예의를 닮아

남사예담촌에서 가장 오래된 이 씨 고가 사랑채

선비의 기상과 예의를 닮아

지리산 천왕봉에서 일백 리를 흘러와서 우뚝 멈춘 니구산 아래 사수가 감돌아 흐르는 경남 산청 남사마을은 넓은 들과 울창한 숲이 주위를 둘러친 천혜의 자연을 품고 있다. 용이 서로 머리와 꼬리를 무는 쌍룡교구의 형상을 한 이 마을은 옛날부터 마을 지형을 반달 모양으로 생각하여 마을 중심부에는 그 무엇도 채우지 않고 우물을 파는 것도 금하여 왔다고 한다.

예로부터 양반마을로 명성이 자자한 전통한옥마을인 산청 남사예담촌(南沙예담村, 경남 산청군 단성면 지리산대로2897번길 10)은 성주이씨(星州李氏), 밀양박씨(陽朴氏), 진양하씨(晉陽河氏), 연일정씨(延日鄭氏) 등 여러 성씨가 대대로 살아왔다. 공자가 탄생한 니구산(尼丘山)과 사수(泗水)를 이곳 지명에 비유할 만큼 학문을 숭상한 이 마을의 이름은 '옛담 마을'이라는 의미를 담고 있지만, 내면적으로는 담장 너머 옛 선비들의 기상과 예절을 닮아가자는 깊은 뜻을 지니고 있다. 고려 시대에 이 마을 윤씨 가문에서는 왕비를 배출했고, 고려 말 정당문학

| 효심을 기리기 위해 지은 사효재

을 지낸 통정 강희백, 조선 세종 때 영의정을 지낸 문효공 하연도
이 마을에서 태어났다.

　남사마을에는 등록문화재 제281호로 지정된 3.3km의 '산청 남
사마을 옛 담장'을 비롯해 '산청 남사리 최씨 고가(山淸 南沙里 崔氏 古家,
경남 산청군 단성면 지리산대로2897번길 8-7, 시도문화재자료 제117호)', '산청 남
사리 이씨 고가(山淸 南沙里 李氏 古家, 경남 산청군 단성면 지리산대로2883번길 16,
시도문화재자료 제118호)', '산청 남사리 사양정사(山淸 南沙里 泗陽精舍, 경남 산
청군 지리산대로 2901-7, 시도문화재자료 제453호)' 등 문화재로 지정된 고택
과 아버지를 해치려는 화적의 칼을 자신의 몸으로 막아낸 이윤현
의 효심을 기리기 위해 후손들이 지은 사효재 등 1900년대 초에
지어진 40여 채의 전통 한옥들이 구불구불 흙담과 돌담을 따라 미
로처럼 이어져 있다.

　남사예담촌의 가장 중심부에 자리 잡은 남사리 최 씨 고가는 마

| 사랑채 앞 홍매화가 유명한 최 씨 고가

을 주차장에서 집까지 이어진 높은 담장을 따라 걷다 보면 솟을대
문이 나온다. '월강 고택'이라고도 불리는 이 고택은 안채를 중심으
로, 사랑채, 익랑채, 광채가 'ㅁ'자형으로 배치되어 있으며 사랑채
좌우에는 중문이 2개 있다.

230년 된 홍매화가 뿌리를 내린 넓은 사랑마당 너머 자리 잡은
사랑채는 정면 5칸, 측면 2칸 반 규모로 앞뒤로 툇마루를 설치하였
다. 좌측부터 방, 대청마루, 방, 누각방(마루방)으로 구성되어 있으며,
사랑채 좌우에 안마당으로 통하는 중문이 두 곳 있다. 동쪽 중문을
통과하면 안채가 한눈에 보이고, 서쪽 중문은 외양간채와 안채가
직접 눈에 띄지 않도록 안으로 담을 둘러놓았다.

1920년에 지은 안채는 정면 6칸, 측면 3칸 규모로 부엌, 안방, 작
은방, 대청마루, 건넌방으로 구성되어 있으며 뒤쪽 툇마루의 폭이
커서 각 방 뒤편으로 물품을 보관하는 벽장을 두었다. 익랑채는 정

| 최 씨 고가는 마을에서 규모가 가장 크다

면 4칸, 측면 2칸 규모로 남쪽으로 개방된 대청이 있고, 온돌방, 식자재 보관용 광을 두었으며, 광채는 정면 4칸, 측면 2칸 규모로 서쪽을 향해 서 있다.

마을에서 가장 오래된 집인 남사리 이 씨 고가는 1700년대에 지었다. 큰길에서 집까지 긴 담장과 푸른 이끼가 덮인 회화나무 두 그루가 춤을 추듯 'X'자 모양으로 서로 교차하고 있는 이 고택은 남북으로 긴 대지에 안채와 사랑채, 외양간채와 곳간채가 안채를 중심으로 'ㅁ'자형으로 배치되어 있다.

넓은 사랑마당 너머 당당하게 자리 잡은 사랑채는 정면 4칸, 측면 2칸 반 규모로 왼쪽에 난간을 두른 낮은 누마루가 있고 누마루 뒤로 방, 대청, 방이 차례로 배치되어 있다. 특히 사랑채 정면에 굴뚝이 배치되어 있어 눈길을 끈다.

사랑채 남쪽에 자리 잡은 외양간채는 정면 3칸, 측면 1칸 규모로

마당 다섯

| 신분에 따라 담의 형태가 다른 남사예담촌 담장

외양간과 광으로 구성되어 있다. 사랑채 동쪽에는 정면 3칸, 측면 1칸 규모의 중문간채가 자리 잡고 있는데, 중문과 광이 있고 출입 문은 안마당 쪽으로 터놓았다.

안채는 정면 7칸, 측면 2칸 반 규모로 건넌방, 대청, 안방을 두고 방과 대청 앞면에 1칸 폭의 툇마루를 두고 뒷면에는 작은 벽장을 달았다. 아래채는 정면 4칸, 측면 1칸 반 규모로 부엌과 방·대청 등을 배치하고 앞면에는 개방된 툇마루를 만들었다. 광채는 정면 3 칸, 측면 2칸 규모로 안쪽은 칸을 나누지 않았다.

우리나라에서 가장 아름다운 마을로 선정되기도 한 농촌전통테 마마을 남사예담촌은 변화하는 현재 속에서 옛것을 소중히 여기고 지켜나가는 배움의 휴식처로 거듭나고 있다.

주변명소

산이 높고 물도 맑다고 하는 '산고수청(山高水淸)'에서 지명을 따왔다는 산청은 그 이름부터 웅장한 지리산 자락과 굽이굽이 청아한 물줄기를 품고 있다. 이곳에서 자란 천여 가지 약초는 예부터 효능이 뛰어나 전통 한방의 본고장이기도 하다. 또한, 산청은 조선의 대학자 남명 조식이 학문을 닦고 제자를 기른 곳으로, 그의 사상을 돌아볼 수 있다.

▌동의보감촌의 아침 (사진제공=한국관광공사)

- **동의보감촌**(경남 산청군 금서면 동의보감로 555번 길 61): 허준의 의서 '동의보감'을 주제로 꾸민 한방 테마파크
- **남명기념관**(경남 산청군 시천면 남명로 311): 지난 2001년 남명 조식의 탄생 500주년을 맞이하여 설립을 추진해 2004년 문을 연 기념관으로, 남명 선생의 학덕을 기리고 유품관 자료들을 전시하고 있다.

한개마을

사도세자를 향한 굳은 절의가 담겨

경사진 지형을 따라 크게 두 갈래 길을 중심으로 집을 배치

사도세자를 향한 굳은 절의가 담겨

경북 성주군 영취산(靈鷲山) 줄기가 좌청룡, 우백호로 뻗어 있고, 앞쪽으로는 이천(伊川)과 백천(白川)이 합쳐 흐르는 영남 제일의 길지에 성주 한개마을(星州 한개마을, 경북 성주군 월항면 대산리, 국가민속문화재 제255호)이 자리 잡고 있다. 한개마을의 '한개'는 '큰 나루'라는 뜻으로 옛날에는 낙동강 물길을 따라 나룻배가 이 마을 앞까지 오르내렸다고 한다.

560년 동안 성산이씨(星山李氏)가 모여 사는 전통 깊은 씨족 마을인 한개마을은 1450년경 조선 세종 때 진주목사를 지낸 이우(李友)가 처음 자리를 잡은 이래 그의 6대손 월봉 이정현(月峰 李廷賢, 1587~1612)이 정착하면서 집성촌을 이루며 대대로 살아오고 있다. 내력 깊은 이 마을은 사도세자의 호위무사를 지낸 돈재 이석문(遯齋 李碩文, 1713~1773), 돈재공의 증손으로 고종 때 공조판서를 지낸 응와 이원조(凝窩 李源祚, 1792~1871), 후기 성리학자 한주 이진상(寒洲 李震相, 1818~1885) 등 이름난 선비와 학자들도 많이 배출했다.

| 마을길은 만났다가 갈라지는 것을 반복하며 동선의 흐름을 원활하게 한다

　마을은 경사진 지형을 따라 크게 두 갈래 길을 중심으로 집들이 배치되어 있다. 마을 입구에 있는 성주 대산리 진사댁(星州 大山里 進士宅, 경북 성주군 월항면 한개2길 20, 시도민속문화재 제124호)을 지나면 구불구불 흙돌담으로 이어지는 고샅길을 따라 오른쪽에는 성주 대산리 하회댁(星州 大山里 河回宅, 경북 성주군 월항면 한개2길 37, 시도민속문화재 제176호), 대산동 한주 종택(大山洞 寒洲 宗宅, 경북 성주군 월항면 한개2길 43, 시도민속문화재 제45호)이 자리 잡고 있다. 왼쪽 마을 길을 따라 올라가면 경사진 언덕 위에 대산동 교리댁(大山洞 校理宅, 경북 성주군 월항면 한개2길 23-12, 시도민속문화재 제43호), 성주 응와 종택(星州 凝窩 宗宅, 경북 성주군 월항면 한개2길 23-16, 시도민속문화재 제44호)이 차례로 있고, 맨 위에 대산동 월곡댁(大山洞 月谷宅, 경북 성주군 월항면 한개2길 23-20, 시도민속문화재 제46호)이 자리하고 있다. 이밖에도 월봉정(月峰亭), 첨경재(瞻敬齋) 등 재실이 5동 남아

| 집주인의 멋과 품격이 담긴 응와 종택 사랑채

있다. 한개마을 대부분의 건축물은 18세기 후반에서 19세기 초반에 걸쳐 건립되었으나, 전체적인 마을 구성이 풍수에 따른 전통적인 모습을 보여주고 있을 뿐만 아니라 상류 주택과 서민주택의 배치 및 평면도 지역적인 특성을 잘 나타내고 있다. 또한, 집집마다 안채와 사랑채, 부속채 등이 대지의 지형에 따라 적절히 배치되어 있다.

　마을 서쪽으로 난 안길을 따라 올라가면 언덕 위에 당당한 모습으로 서 있는 성주 응와 종택을 만나게 된다. 이곳은 '북비공'으로 더 잘 알려진 돈재 이석문(遯齋 李碩文, 1713~1773)이 1774년(영조 50)에 북쪽으로 사립문을 내고 평생을 은거하며 살았던 곳이다. 돈재공은 1739년(영조 15)에 무과에 급제한 후 선전관, 훈련원주부 등의 벼슬을 지냈다. 특히 당시 사도세자의 호위무사로 있던 돈재공은

| 6칸 규모의 응와 종택 안채

1762년 영조가 세자를 뒤주에 가두자 세손을 등에 업고 어전으로 들어가 부당함을 간하다가 파직되었다. 낙향한 후에도 사도세자를 향한 사모의 정과 안녕을 기원하며 대문을 북쪽으로 내고 매일같이 북쪽을 향해 예를 갖췄다. 훗날 영조가 벼슬을 내렸지만 나가지 않았으며, 사후에 병조참판에 추증되었다.

솟을대문을 들어서면 사랑채가 보이고, 오른쪽에 '北扉(북비)'라고 적힌 일각문이 있다. 북비문을 들어서면 꼿꼿한 선비정신이 느껴지는 북비 고택이 있다. 정면 4칸 규모의 '一'자형 북비 고택은 담 너머 응와 종택에 비하면 다소 소박하게 보이지만 사도세자를 향한 돈재공의 굳은 절의가 담겨 있다.

응와 종택은 돈재공의 손자 이규진(李奎鎭)이 1821년(순조 21)에 정침을 중건하고, 공조판서를 지낸 그의 아들 응와 이원조(凝窩 李源祚,

마당 다섯

| 진사댁 안채와 안사랑채(왼쪽)

1792~1871)가 1866년(고종 3)에 기존 건물을 다시 지어 오늘에 이르고 있다. 중후한 멋이 느껴지는 'ㄱ'자형 사랑채는 오른쪽부터 대청과 사랑방을, 왼쪽으로는 누마루를 두었다. 특히 부챗살 모양의 선자연이 그대로 드러난 대청과 각 실마다 집 주인의 멋과 품격, 철학이 담긴 '警枕(경침)' '四美堂(사미당)' 등의 편액을 걸어 놓아 보는 이의 눈길을 끈다. 사랑마당을 지나 안채영역으로 들어가면 넓은 안마당을 중심으로 6칸 규모의 '一'자형 안채와 곳간채가 자리 잡고 있다. 대청을 중심으로 오른쪽에는 안방과 부엌을 배치하고, 왼쪽에는 건넌방을 두었다. 솟을대문은 대문을 중심으로 곳간과 방을 한 칸씩 좌우에 배치하고, 대문 좌측에는 하인이나 청지기가 출입하는 협문을 별도로 두었다. 그밖에도 장판각과 안대문채, 아래채, 마구간 등이 있었지만 현재는 남아 있지 않다.

| 한주 종택의 아름다운 정자, 한주정사

　아름다운 정자가 있는 집, '동곽댁'이라고도 불리는 대신동 한주
종택으로 오른다. 마을 오른쪽 가장 위에 있다. 이 마을에서 고택
원형이 가장 잘 남아있는 집으로, 1767년(영조 43) 이민검(李敏儉)이
처음 지었고, 1866년(고종 3)에 한주 이진상이 고쳐지었다. 안채와
사랑채가 있는 일곽(一郭)과 '한주정사(寒洲精舍)'라 불리는 정자가 있
는 일곽으로 나누어 있다. 경사진 지형 탓으로 높은 기단 위에 자
리한 안채는 정면 6칸 반, 측면 1칸 반 규모의 '一'자형 건물로 대청
을 중심으로 오른쪽에 부엌을, 왼쪽에 방을 두었다. 안채 왼쪽에는
3칸 규모의 곳간채가, 오른쪽에는 3칸 규모의 아래채가 있고, 안채
정면으로는 사랑채와 연결된 7칸 규모의 중대문채를 배치했다. 2
단의 높은 기단 위에 자리 잡은 정면 4칸 반 규모의 '一'자형 사랑채
는 오른쪽부터 대청, 작은사랑방, 큰사랑방을 배치했다. 방 뒤쪽에

마당 다섯

| 누마루를 둔 진사댁 안사랑채

골방을 두어 다양하게 사용할 수 있는 공간을 만들었고, 전면은 툇마루로 연결했다. 평대문을 단 3칸 대문채는 대문을 중심으로 한쪽은 청지기방을, 다른 한쪽은 광을 두었다. 한주정사는 정면 4칸, 측면 3칸 반 규모의 'T'자형 정자로, 노송과 어우러진 모습이 한 폭의 동양화를 펼쳐놓은 것 같다. 중앙에 대청을 두고 양쪽으로 방을 배치했는데 오른쪽 방은 뒤로 1칸 반을 달아내고 앞쪽으로 누마루를 1칸 돌출시켰다. 정자 오른쪽에 연못을 만들어 산에서 내려오는 물이 이곳을 거쳐서 나가도록 했다.

세월의 무게가 느껴지는 돌담으로 이어진 고샅길을 따라 걷다 보면 시간여행을 하는 듯한 착각이 들기도 한다. 잠시 멈춰 열려있는 대문 사이를 기웃거려보기도 하고, 반갑게 눈인사를 건네주는 어른이라도 계시면 툇마루에 걸터앉아 선조들에 얽힌 재미난 이야

| 돌담으로 이어진 고샅길

기를 들어보는 행운도 생긴다. 도시에서는 느낄 수 없는 정겨운 풍
경과 푸근한 인심이 살아있는 전통마을로의 여행을 계획하고 있다
면 이곳을 추천하고 싶다.

◀ 사도세자를 향한 사모의 정과 안녕을 기원하며 대문을 북쪽으로 내고 매일같이 북쪽을 향해 예를
   갖춘 돈재공

주변 고택

- **성주 사우당**(경북 성주군 수륜면 수륜길 54-4, 시도문화재자료 제561호)
- **성주 수성리 중매댁**(경북 성주군 수륜면 한강길 29, 시도민속문화재 제86호)

┃성주 성밖숲

성주 사우당

성주 세종대왕자태실

 주변 명소

경북 성주는 유구한 문화 역사와 낙동강, 가야산이 어우러진 천혜의 자연환경을 간직한 고장으로, 1940년부터 재배하기 시작한 성주 참외는 지금은 전국 최대 생산량 및 최고의 품질을 자랑하고 있다.

- 세종대왕자 태실(경북 성주군 월항면 인촌리 산8): 성주 세종대왕자 태실은 전국 최대 태실 유적지로, 세종대왕의 적서 18 왕자 중 장자 문종(文宗)을 제외한 17 왕자 태실 18기를 모셔놓은 곳이다. (단종의 태실은 세자 책봉 후 성주 법림사에 새로 조성) 경북 성주군 월항면 선석산 아래 태봉(胎峰) 정상에 자리 잡은 태실은 왕자들의 태를 모시고 있는데 태실 비가 앞줄에 11기, 뒷줄에 8기 놓여 있다. 세종은 1438년부터 4년간 이 태실을 조성했다.

- 성주 경산리 성밖숲(경북 성주군 성주읍 경산리 446-1 등): 성주 경산리 성밖숲은 낙동강의 지류인 이천이 흐르는 성주읍성 서문 밖에 조성한 숲으로 300~500년생 왕버들 57그루가 자라고 있다. 이 숲은 조선 중기 서문 밖의 어린아이들이 이유 없이 죽고 여러 가지 나쁜 일들이 이어지자 이를 방지하기 위해 조성하였다고 한다.

순천

낙안읍성

시간이 멈춘 곳

한양을 모델로 만든 조선 시대 지방계획도시인 낙안읍성

시간이 멈춘 곳

전라남도 순천, 야트막한 산들이 감싸 안고 있어 평온함이 느껴지는 벌판에 수백 년 세월이 흘렀음에도 시간이 멈춰버린 듯 옛 모습을 그대로 간직한 아름다운 마을이 있다. 바로 순천 낙안읍성(順天 樂安邑城, 전남 순천시 낙안면 남대리, 사적 제302호)이 그곳이다. 풍요로운 땅에서 만백성이 평안하다는 뜻을 담고 있는 '낙안'은 한양을 모델로 만든 조선 시대 지방계획도시다. 하지만 이곳은 예로부터 왜구의 침입이 잦아 고려 후기에는 주민들을 보호하기 위해 읍성을 쌓았다. 《세종실록》에 의하면 1397년(태조 6) 김빈길(金贇吉, 미상~1405)이 백성을 동원해 토성을 쌓은 것이 낙안읍성의 전신이 되어 1424년부터 여러 해에 걸쳐 돌로 다시 성을 쌓아 규모를 넓혔다고 한다. 읍성의 전체 모습은 4각형으로 길이는 1,410m로 동·서·남쪽에는 성안의 큰 도로와 연결된 문이 있고, 적의 공격을 효과적으로 막기 위해 성의 일부분이 성 밖으로 튀어나와 있다. 낙안읍성은 현존하는 읍성 가운데 보존 상태가 좋은 것 중 하나이며, 조선 전기

| 선조의 생활문화를 보고 느끼고 함께 체험할 수 있는 곳

의 양식을 그대로 간직하고 있다.

　낙안읍성으로 들어가는 길은 동문, 서문, 남문의 세 곳이 있다. 청·흑·백색의 깃발이 나부끼는 동문 앞에 선다. 동문 입구에는 수백 년 동안 변함없이 꿋꿋하게 그곳을 지키며 마을에 나쁜 기운이 들어오는 것을 막아주는 개(犬)조각상이 세월의 흔적을 그대로 드러낸 채 서 있다. 낙안읍성은 동문과 서문을 연결하는 대로를 중심으로 북쪽에는 동헌, 객사, 향교 등 관아건물이 있고, 남쪽에는 초가집, 대장간, 장터 등 서민들의 삶의 터전이 구불구불한 돌담길을 따라 이어져 있다. 초가집을 에두른 나지막한 돌담길을 따라 걷다 보면 마을 아낙들이 모여 이야기꽃을 피웠을 우물 '똘샘'도 만나게 되고, 선조들의 생활문화가 고스란히 담겨있는 정겨운 툇마루와

　　　　　　　　　　　　　　　　　　　　　마당 다섯

| 마을 아낙들이 모여 이야기꽃을 피웠을 우물 '똘샘'

부엌, 토방 등 어느 하나 그냥 지나치기가 아쉽다. 낙안읍성에는 성곽을 비롯해 국가민속문화재 가옥 9동 등 13점의 문화재가 보존되어 있으며 300여 년을 훌쩍 넘은 노거수들이 옛 모습을 지켜내고 있다. 그리고 과거의 모습으로 현재를 살아가는 290여 동의 초가집에 120세대 288명의 주민이 직접 거주하며 농사도 짓고, 방문객을 대상으로 다양한 전통문화체험을 제공하고 있다.

낙안읍성의 중앙 상단에 자리하고 있는 낙안객사(樂安客舍, 전남 순천시 낙안면 동내리 401, 시도유형문화재 제170호)는 새로 고을 수령이 부임하거나 초하루와 보름, 고을에 좋은 일이나 궂은 일이 있을 때 임금을 상징하는 전패(殿牌)를 모셔 예를 올리던 곳으로 사신의 숙소로도 사용했다. 정면 7칸, 측면 3칸의 객사에는 중앙마루에 전폐를

| 성안의 다른 집들보다 대지도 넓고 가장 멋을 부린 이방댁

두고 좌우에 각각 한 단 낮은 지붕의 익사(翼舍)를 배치해 놓았다.

　순천 낙안읍성 이방댁(順天 樂安邑城 吏房宅, 전남 순천시 낙안면 충민길 33-1, 국가민속문화재 제92호)은 19세기 중엽에 건립된 향리가 살던 집으로 성안의 다른 집들보다 대지도 넓고 가장 멋을 부린 집이다. 대문을 들어서면 마당을 중심으로 오른쪽에 안채가, 맞은편에 아래채가 'ㄱ'자형으로 배치되어 있고 헛간채는 대문 옆에 붙어있다. 비교적 남도 지방의 원형을 보존하고 있는 4칸의 안채는 왼쪽부터 부엌, 안방, 안마루, 건넌방으로 배열되어 있고, 방과 마루 앞으로 작은 툇마루가 있어 이동이 편리하다.

　순천 낙안읍성 마루방집(順天 樂安邑城 마루방집, 전남 순천시 낙안면 충민길 90, 국가민속문화재 제95호)은 성의 동서를 잇는 대로변에 자리 잡고 있다. 19세기 초에 건립된 것으로 추정되는 이 집을 들어서면 반듯하

| 우리 선조의 생활상을 엿볼 수 있는 마루방집

고 넓은 안마당 뒤로 '一'자형 안채가 있고, 대문 바로 옆에 헛간채가 붙어있다. 중앙에 마루를 두고 왼쪽에 안방과 부엌, 오른쪽에 건넌방이 배열되어 있고, 작은방 앞에는 'ㄱ'자형으로 토담을 쌓아 편리하게 반 내부 공간으로 사용할 수 있는 헛간을 두었다. 특히 이 가옥의 부엌에는 가택 신앙으로 조왕신을 모시던 자리와 관솔불을 켜던 선반이 남아 있어 우리 선조의 생활상을 엿볼 수도 있다.

순천 낙안읍성 향리댁(順天 樂安邑城 鄕吏宅, 전남 순천시 낙안면 읍성안길 95, 국가민속문화재 제100호)은 향리가 살던 집으로 성안에서 가장 단아하고 건실하며 정원도 비교적 잘 꾸며 놓았다. 이 가옥의 앞에는 남쪽 성벽이 연접해 있어 성벽을 한쪽 담으로 삼고 나머지 세 면을 돌담으로 돌아가며 쌓았다. 대문을 들어서면 넓은 안마당 옆으로 안채를, 대문과 마주한 곳에 헛간채를 배치했다. 다른 집에 비교해

| 민가들이 구불구불한 돌담길을 따라 배치되어 있다

다소 높은 막돌기단 위에 지은 4칸의 '一'자형 안채는 왼쪽부터 부
엌, 안방, 마루방, 건넌방을 배열했다. 건물 앞쪽으로는 툇마루가
설치되어 있는데 건넌방 오른쪽까지 툇마루를 놓았고, 안방과 마
루방 뒤쪽으로는 퇴칸을 마루를 깔지 않은 흙바닥으로 두고 보관
장소로 활용했다. 헛간채는 돌담과 연결된 담 집이다.

　이밖에도 국가민속문화재로 지정된 집은 순천 낙안읍성 들마루
집(順天 樂安邑城 들마루집, 전남 순천시 낙안면 충민길 21, 국가민속문화재 제93호),
순천 낙안읍성 뙤창집(順天 樂安邑城 뙤窓집, 전남 순천시 낙안면 읍성안길 145,
국가민속문화재 제94호), 순천 낙안읍성 대나무 서까래집(順天 樂安邑城 대나
무 서까래집, 전남 순천시 낙안면 충민길 90, 국가민속문화재 제96호), 순천 낙안읍
성 ㄱ자집(順天 樂安邑城 ㄱ字집, 전남 순천시 낙안면 충민길 13, 국가민속문화재 제
97호), 순천 낙안읍성 주막집(順天 樂安邑城 酒幕집, 전남 순천시 낙안면 동내리

| 서쪽 성곽길에서 내려다본 마을 전경

343-1, 국가민속문화재 제98호), 순천 낙안읍성 서문성벽집(順天 樂安邑城 西門 城壁집, 전남 순천시 낙안면 충민길 104 , 국가민속문화재 제99호) 등이 있다.

구불구불 돌담길을 따라 마을을 다 돌아봤다면 성곽길도 한 번 걸어봐야 한다. 서문에서 남문으로 이어지는 성곽길에서는 마을이 한눈에 내려다보인다. 마을길을 걷느라 지친 방문객에게 땀을 싹 날려주는 시원한 바람도 선사한다.

세월이 비껴간 듯 옛 모습을 그대로 간직한 낙안읍성에서는 선조의 생활문화를 보고 느끼고 함께 체험할 수 있는 짚풀공예, 길쌈 시연, 천연염색, 한지공예, 농악놀이교실, 농기구체험, 목공예체험, 옥사체험, 도자기체험 등 다양한 전통문화체험 공간이 있다. 숙박체험도 할 수 있으니 400년 전 그 시간 속으로 돌아가 봐도 좋을 듯싶다.

주변 명소

산, 바다, 호수 등 천혜의 자연환경을 갖춘 전남 순천은 매년 수많은 관광객이 즐겨 찾아오는 곳이다.

• **순천 송광사**(전남 순천시 송광면 송광사안길 100): 조계산 서쪽 기슭 넓은 평지에 아늑하게 자리 잡은 순천 송광사는 조계종의 발상지로 신라 말기 혜린선사가 창건한 이래 보조국사 지눌을 비롯해 16명의 국사를 배출한 역사 깊은 승보사찰이다. 송광사 국사전(국보 제56호), 설법전, 응진전을 비롯해 국보 3점, 보물 12점 등 다수의 중요 사찰 문화재를 간직하고 있으며 국사의 부도를 모신 암자가 있다.

순천 송광사 삼청교

순천 선암사 승선교

순천만

순천 와온해변

- **순천 선암사**(전남 순천시 승주읍 선암사길 450): 조계산 동쪽에 자리하고 있는 순천 선암사는 527년(성왕 5)에 아도화상이 창건한 이래 861년(경왕 1)에 도선국사가 현 위치에 중창했으며, 1092년(선종 9) 의천에 이르러 천태종 전파의 중심사찰이 되었다. 무지개 돌다리 승선교(보물 제400호), 대웅전(보물 제1131호), 선암사 삼층석탑(보물 제395호) 등 보물 14점을 비롯해 다수의 중요문화재가 있다.
- **순천만**(전남 순천시 순천만길 513-25): 고흥반도와 여수반도 사이 깊숙이 들어간 순천만(명승 제41호)은 국제습지조약인 람사르 협약에 등록된 세계 5대 연안 습지 중 하나로 갯벌 $26km^2$와 갈대 군락지 $5.6km^2$에 120여 종이 넘는 염생식물이 사는 정원이다. 한여름에는 갯벌에서 뻘배를 타고 짱뚱어를 낚는 어부들의 모습도 볼 수 있고, 겨울이면 2백여 종의 철새가 군무를 춘다. 자연생태관과 갈대밭 사이의 데크 탐방로, 용산전망대 등 편의시설도 잘 정비되어 있다. 또한, 순천만의 동쪽 끝머리 따뜻하게 누워 있는 와온해변은 '솔섬'이라 불리는 작은 무인도와 어우러진 일몰의 장관이 아름답기로 유명하다.

영주

무섬마을

길지(吉地) 중의 길지로 손꼽히는 곳

반남박씨와 선성김씨의 집성촌인 무섬마을

길지 중의 길지로 손꼽히는 곳

경상북도 내륙 깊숙이 자리 잡은 영주 무섬마을(榮州 무섬마을, 경상북
도 영주시 무섬로234번길 31-12, 국가민속문화재 제278호)은 육지 속의 섬마을
이다. 태백산에서 이어지는 내성천과 소백산에 흐르는 서천이 만
나 산과 물이 태극 모양으로 휘돌아 흐르는 형세가 마치 물 위에
떠 있는 섬과 같다고 해서 '무섬'이라 부르며, 풍수지리적으로도 매
화꽃이 피는 매화낙지 형국, 또는 연꽃이 물 위에 떠 있는 연화부
수 형국이라 하여 길지(吉地) 중의 길지로 손꼽히는 곳이다.

마을을 휘감아 도는 강을 따라 은빛 백사장과 낮은 산의 아름다
운 자연이 고색창연한 고가와 어우러져 고즈넉한 풍경을 자아내는
무섬마을은 1666년 반남박씨(潘南朴氏) 박수(朴燧)가 처음으로 이곳
에 들어와 살기 시작했고, 100년 후 조선 영조 때 그의 증손녀 남
편인 선성김씨(宣城金氏) 김대(金臺)가 처가 마을에 들어와 살기 시작
하면서 지금까지 두 집안이 집성촌을 이루고 있다.

현재 무섬마을에는 해우당 고택(海遇堂 古宅), 만죽재 고택(晚竹齋 古

| 마을에서 가장 오래된 만죽재 고택

宅) 등을 비롯하여 규모가 크고 격식을 갖춘 'ㅁ'자형 가옥, 까치구
멍집, 겹집, 남부지방 민가 등 다양한 형태의 구조와 양식을 갖춘
전통가옥이 있다. 또한, 무섬마을은 일제강점기 1928년 김화진 선
생과 김성규 선생 등이 이곳에 '아도서숙'을 건립해 1933년 폐숙
될 때까지 농촌계몽운동과 독립운동을 펼쳤던 곳이기도 하다.

　무섬마을을 대표하는 외나무다리는 지난 350여 년간 무섬마을
을 이어준 유일한 통로로 1983년 수도교가 건설되기 전까지만 해
도 이 다리를 건너다녔다. 한여름 태풍으로 쓸려 내려가면 또다시
만들어 세워야 하는 외나무다리는 폭 20~25cm에 길이는 150m
로, 한 사람이 겨우 지나갈 수 있을 만큼 좁다. 이 다리를 건너다보
면 중간중간 마주 오는 사람을 피해갈 수 있는 '비껴다리'도 놓여
있다.

　구불구불 마을 길로 들어서면 가장 먼저 해우당 고택(海遇堂 古宅, 경

　　　　　　　　　　　　　　　　　　　　마당 다섯

북 민속문화재 제92호)을 만나게 된다. 이 고택은 고종 16년(1879) 의금
부도사를 지낸 해우당 김낙풍(1825~1900) 선생이 지은 집으로, 조선
후기 'ㅁ'자형 가옥의 평면구조를 잘 갖추고 있다.

솟을대문을 들어서면 정면에 중문을 사이에 두고 큰 사랑채와
아래사랑채를 배치하였다. 오른쪽의 큰사랑채는 2칸 규모의 사랑
방과 지반을 높게 하여 원기둥에 난간을 돌려 누마루를 낸 마루방
으로 구성되어 있다. 아래사랑채는 작은사랑방 1칸과 마루방 1칸
으로 구성되어 있다.

중문을 통해 안채영역으로 들어서면 'ㄷ'자형 안채에는 3칸 규모
의 대청을 중심으로 좌측에 상방 2칸, 우측에 안방 2칸을 배치하
고, 안방 앞으로 부엌과 고방을 연달아 배열하였다. 상방 앞쪽으로
는 작은부엌, 중방, 고방을 달아냈다.

마을 중심부 뒤편에 자리 잡은 만죽재 고택(晩竹齋 古宅, 경북 민속문화

| 김위진 가옥

재 제93호)은 반남박씨 판관공파의 종가로, 현 소유자의 11대조인 박수(1641~1699) 선생이 이 마을에 정착하며 1666년에 건립하였다. 이 고택은 마을에서 가장 오래된 집으로 'ㅡ'자형 사랑채와 'ㄷ'자형 안채가 안마당을 중심으로 'ㅁ'자형 평면구조를 이루고 있다. 정면에 누마루 형태의 툇마루를 둔 사랑채에는 왼쪽부터 마루방과 사랑방을 배치하였다. 사랑채 옆으로 낸 중문을 통해 안채영역으로 들어서면 안채에는 정면 5칸, 측면 5칸 규모로 대청을 중심으로 좌측에 상방, 고방, 문간이 있다. 문간채는 안마당 쪽으로 벽체 없이 개방시키고 서쪽에 널문을 달아 옆 마당으로 통하게 하였다.

만죽재 고택 바로 앞에 있는 영주 수도리 박천립 가옥(榮株 水島里 朴天立 價屋, 경북문화재자료 제346호)은 1923년경에 지은 까치구멍집이다. 정면 3칸, 측면 2칸 규모로 왼쪽에 사랑방을 두고 오른쪽에 부엌을 두었으며, 뒤쪽에 상방, 마루, 안방을 배치하였다. 일반적으로 마구

마당 다섯

| 까치구멍집 형태인 박천립 가옥

간이 있어야 할 자리에 사랑방을 설치하였고 사랑방의 전면과 측면, 상방의 측면에 외부로 통하는 문을 설치하여 개방적인 느낌을 준다.

　이밖에도 영주 수도리 김덕진 가옥(榮州 水島里 金德鎭 家屋, 경북 민속문화재 제117호), 영주 수도리 김규진 가옥(榮州 水島里 金圭鎭 家屋, 경북문화재자료 제361호), 영주 수도리 박덕우 가옥(榮州 水島里 朴德雨 家屋, 경북문화재자료 제363호) 등을 비롯해 마을 곳곳에 100여 년의 역사를 가진 고택들이 많이 남아 있다.

　마을 가장 왼쪽에 자리 잡고 무섬자료전시관은 영주 무섬마을의 역사와 문화를 한눈에 살펴볼 수 있는 향토전시관이다. 전통한옥 건물로 고즈넉한 분위기를 자아내는 이 전시관은 지상 1층 규모로 내부 전시실은 총 5개의 테마로 구성되어 있으며, 마을 형성의 역사와 배경, 마을 사람들의 생활과 문화 등 무섬마을의 모든 것을 알 수 있는 곳이다.

옛 선비의 전통과 그리운 고향 마을의 정취가 살아 숨 쉬는 영주 무섬마을은 오늘도 계속 변신 중이다. 비록 많은 사람에게 알려지지는 않았지만, 마을의 고택에서는 고택 숙박체험을 할 수 있고, 다양한 교육 프로그램과 놀이 프로그램으로 관광객에게 즐거움과 편

안한 휴식을 제공하고 있다. 또한 '한국의 아름다운 길 100선'에 선정된 외나무다리를 중심으로 매년 10월이면 '외나무다리축제'를 개최해 당시 무섬마을 사람들의 외나무다리에 얽힌 삶의 애환을 경험할 수 있게 하고, 정월 대보름이면 '달집태우기' 행사도 개최하고 있다.

| 삶의 애환이 담긴 무섬마을 외나무다리

주변 고택

- **영주 괴헌 고택**(경북 영주시 이산면 영봉로 883, 국가민속문화재 제262호)
- **삼판서 고택**(경북 영주시 선비로181번길 56-1)

영주 괴헌 고택

영주 부석사

영주 소수서원

영주 선비촌

 주변명소

소백산 자락의 맑은 물과 깨끗한 환경을 자랑하는 경북 영주는 수많은
문화유산을 간직한 충효와 선비의 고장이다.

• **영주 부석사**(경북 영주시 부석면 부석사로 345): 신라 문무왕 16년(서기 676
년)에 의상조사가 창건한 화엄종찰 부석사는 우리나라 최고(最古)의
목조건물인 무량수전을 비롯해 국보 5점, 보물 6점, 도 유형문화재 2
점 등 많은 문화재를 간직하고 있다.

• **영주 소수서원**(경북 영주시 순흥면 소백로 2740): 조선 중종 38년(1543년)에
풍기군수 주세붕이 세운 서원의 효시이다. 또한 명종 5년(1550)에는
풍기군수 이황의 요청으로 '소수서원'이라 사액을 받음으로써 최초
의 사액서원이 되었다.

• **영주 선비촌**(경북 영주시 순흥면 소백로 2796): 2004년에 영주시가 건설한
테마파크이다. 옛 선비정신을 계승하고 선현들의 학문 탐구의 장과
전통 생활공간을 재현하여 우리 고유의 사상과 생활상을 체험할 수
있다.

제주

성읍마을

외거리집, 두거리집, 세거리집

| 수백 년 된 느티나무와 팽나무가 성읍마을을 굳건히 지키고 있다

외거리집, 두거리집, 세거리집

짙어지는 녹음 사이 올망졸망 모여 있는 초가, 구불구불 돌담 사이로 나 있는 올레. 제주 성읍마을은 오백 년 긴 세월 동안 문명은 비켜나간 듯 제주의 독특한 풍물과 옛 마을 본래의 모습 그대로를 간직하고 있다.

제주 성읍마을(濟州 城邑마을, 제주특별자치도 서귀포시 표선면 성읍리, 국가민속문화재 제188호)을 알리는 이정표를 지나자 마을을 둘러싼 성곽의 모습이 한눈에 들어온다. 한라산 중산간에 있는 성읍리는 1400년대부터 일제강점기까지 제주도가 제주목(濟州牧), 대정현(大靜縣), 정의현(旌義縣) 3개의 행정구역으로 나뉘었을 때 정의현이라 불렸던 곳의 도읍지였다. 도읍지였음을 말해주듯 정의현청이었던 일관헌(日觀軒), 정의향교(旌義鄕校)와 성곽(城)이 잘 복원되어 있으며, 수백 년 수령을 자랑하는 느티나무와 팽나무가 굳건히 마을을 지키고 있다. 또한, 성문마다 돌하르방이 4기씩 제 모습으로 자리를 지키고 있는 것을 비롯해 유·무형문화재가 곳곳에 많이 남아있다.

| 집에 사람이 있고 없음을 알려주는 정낭

    수백 년의 시간을 거슬러 올라간 듯 여유로운 마음으로 마을로 들어간다. 360여 채의 초가와 돌담, 이들과 어우러진 시간의 향기를 머금은 주변 풍경이 방문객의 발길을 멈추게 한다. 제주도의 가옥은 기후와 생활 방식이 육지와 다르므로 그 배치도 다르고, 특이한 점이 많다. 돌담으로 에워싼 제주도의 전통가옥은 크게는 '외거리집' '두거리집' '세거리집'으로 나눠서 볼 수 있다. 마당을 중심으로 안거리(안채), 밖거리(바깥채), 모커리(별채) 등으로 공간을 나누고 있으며, 안거리와 밖거리에는 저마다 상방(마루), 구들(장), 정지(부엌), 고팡(곳간)이 있다. 안거리와 밖거리에서 부모와 자식 세대는 각각 독립적인 생활을 한다.

    가옥의 지붕은 논농사가 흔하지 않기 때문에 볏짚 대신 대부분

                  마당 다섯

| 통시에 사는 토종돼지

'띠'로 얽어맨 초가이다. 띠는 밭에서 따로 키워서 지붕 재료로 사용하고 있는데 초가처럼 이엉을 만들어 지붕을 이지 않고 지붕에 띠를 덮고 그 위에 띠 줄을 꼬아 그물같이 얽어맨다. 줄로 지붕을 단단하게 동여매는 것은 바람이 많은 것을 이겨내기 위함이다. 가옥의 구조는 대부분 'ㅡ'자형 겹집이고, 'ㄱ'자형은 거의 찾아볼 수 없다. 또한, 우리나라에서 부엌에 있는 아궁이는 원래 불을 지펴 밥을 짓고 방을 따뜻하게 하는 용도지만, 따뜻한 제주에서는 밥을 짓는 아궁이와 난방을 하는 아궁이가 분리되어 있고 굴뚝은 없는 게 특징이다.

성읍마을에는 육지에서는 쉽게 볼 수 없는 제주만의 독특한 문화가 또 있다. 점차 사라지고 있는 '통시'와 '정낭'이다. 까칠까칠한 검은 털의 토종돼지와 돼지우리 겸 화장실인 통시가 원형 그대로 잘 보존되어 있어 호기심 가득한 방문객의 발길을 이끈다. 통시

는 몇 십 년 전만 해도 제주의 어느 마을에서나 볼 수 있었지만 이젠 거의 다 사라지고 성읍마을이 고이 간직하고 있다. 정낭은 집으로 들어서는 입구에 긴 나무를 한 개 내지 두세 개를 양옆 돌기둥의 구멍에 걸쳐 놓아 집에 사람이 있고 없음을 알려주는 역할을 한다. 나무막대가 세 개 다 내려져 있으면 주인이 집에 있음을 뜻하며, 나무 하나를 걸쳐 놓으면 집주인이 잠시 이웃에 갔다 온다는 표시이고, 나무막대 두 개를 걸쳐 놓으면 저녁때쯤 돌아온다는 표시이다. 나무막대 세 개를 모두 걸쳐 놓은 것은 장시간 외출한다는 의미이다.

성읍마을은 마을 전체가 국가민속문화재로 지정되어 있기도 하지만 제주도 가옥의 특징을 잘 나타내고 있는 5개 가옥이 특별히 별도로 국가민속문화재로 지정되어 있다.

| 성읍마을은 1416년 정의현 치소로 성을 축성한 도읍지이다

먼저 성읍마을 객주집(城邑마을 客主집, 국가민속문화재 제68호)은 고을 객사와 가깝게 있던 객줏집이었다. 조선 후기에 지은 집으로 넓은 터에 안채, 바깥채, 창고, 대문간이 'ㅁ'자형으로 배치되어 있으며, 성읍마을 중심에 있는 전형적인 민가이지만 객줏집과 농가시설 일부를 잘 보여주고 있는 집이다.

제주 성읍마을 고평오 고택(濟州 城邑마을 高平五 古宅, 국가민속문화재 제69호)은 고을 면사무소 관원들이 숙식했던 곳이다. 조선 후기에 지어진 이 집은 넓은 터에 안채, 바깥채와 안채와 바깥채 사이에 '모커리(수레간과 통나무로 만든 제주 고유의 절구 등을 보관하는 곳)'가 배치되어 있으며, 바깥채에는 제주도의 일반적인 집 구조와는 다르게 방이 두 칸 더 있다.

제주 성읍마을 고창환 고택(濟州 城邑마을 高昌煥 古宅, 국가민속문화재 제70

호)은 정의향교에 가까이 있으며, 예전에 고을의 여인숙으로 사용하던 집이다. 안채와 헛간채를 둔 단출한 구성의 집으로, 안채 부엌 앞에는 물동이를 넣는 물구덕(바구니)을 얹어 드는 '물팡'이 있다.

제주 성읍마을 한봉일 고택(濟州 城邑마을 韓奉日 古宅, 국가민속문화재 제71호)은 고을 중심가에서 동쪽에 있는 집으로 조선 후기에 지어졌다. 대문을 달지 않는 대문간, 안채, 바깥채로 구성된 제주도 산남 민가의 전형적인 형태를 띠고 있다.

제주 성읍마을 대장간집(濟州 城邑마을 대장간집, 국가민속문화재 제72호)은 고을에서 대장간으로 사용하던 집이다. 안채와 헛간채로 구성된 단출한 집으로 '통시'가 잘 보존되어 있다.

수백 년 세월 하늘을 향해 이리저리 뻗어난 팽나무와 함께 서로 조화를 이루며 얼기설기 엮어진 야트막한 처마의 초가, 현무암으로 그렁저렁 쌓아 올린 해묵은 돌담, 직접 집으로 불어오는 바람을 피하기 위해 약간 휘어진 올레. 바람이 많은 섬에 살았던 옛 제주의 사람들이 살아온 삶이 고스란히 남아있는 성읍마을은 이제 조금씩 변화를 보이고 있다. 제주만의 독특한 문화가 오롯이 남아있는 이곳만의 매력에 푹 빠질 수 있도록, 그렇게.

주변 명소

제주는 언제 가더라도 아름다운 풍광을 만날 수 있는 곳이다. 커다란 섬 전체가 여행자에게 즐거움을 선사해주고 있다.

• **제주 관덕정**(제주특별자치도 제주시 관덕로 19)**과 제주목 관아**: 관덕정은 조선 세종 30년(1448) 안무사 신숙청(辛淑晴)이 병사들의 훈련과 무예 수련장으로 사용하기 위해 세운 건물이고, 제주목 관아는 조선 시대 제주 지방의 통치 중심지로, 이미 탐라국 시대부터 성주청 등 주요 관아시설이 있던 곳이다.

제주 관아
제주 우도 홍조단괴해빈

성산일출봉

표선해변

- **우도 홍조단괴해빈**(제주특별자치도 제주시 우도면 연평리): 우도는 제주 성산 포항에서 북동쪽으로 약 4km 떨어진 섬으로 배에서 내리면 '서빈백 사'라 부르기도 하는 홍조단괴해빈이 가장 먼저 눈에 들어온다.

- **성산일출봉**(제주특별자치도 서귀포시 성산읍 일출로 284-12): 제주의 동쪽 바 닷가 끝에 있는 성산일출봉은 1976년 제주도 기념물로 지정되어 보 호를 받다가 2000년부터는 천연기념물로 지정되었으며, 2007년에 는 한라산과 함께 유네스코 세계문화유산이자 세계생물권보존지역, 세계지질공원으로 등록되었다.

- **표선해변**(제주특별자치도 서귀포시 표선면 민속해안로): 썰물 시에는 원형의 백사장을 이루고 밀물 시에는 수심 1m 내외의 원형 호수처럼 되어 경관이 아름답다.

오래된 집, 가고 싶은 마을
한국의고택

초판 1쇄 인쇄일 | 2019년 10월 10일
초판 1쇄 발행일 | 2019년 10월 18일

─────────────────────────────

글쓴이 | 이진경
펴낸이 | 하태복

─────────────────────────────

펴낸곳 이가서
주소   경기도 고양시 일산서구 주엽동 81 뉴서울프라자 2층 40호
전화   031) 905-3593
팩스   031) 905-3009
등록번호 제10-2539호

─────────────────────────────

ISBN 987-89-5864-330-2 03900